Buch

Das mühsame Suchen in unübersichtlichen Wälzern hat endlich ein Ende, denn in diesem Buch ist alles versammelt, was sich in keinem noch so dickleibigen Nachschlagewerk finden lässt: Nützliches wie die Kennzeichen für die Pflege von Textilien; Wissenswertes wie das System, nach dem Ikea die Namen seiner Produkte wählt; Kurioses wie die fünf menschlichen Botschaften an Außerirdische; historische Glanzleistungen wie die Rede des ehemaligen FC Bayern-Trainers Giovanni Trapattoni im Wortlaut und, und, und … Wer weiß, wo's steht, muß nicht alles im Kopf haben! Mit diesem Kleinod unter den deutschen Lexika hat man überall und jederzeit das wirklich wichtige Konversationswissen zur Hand.

Autor

Christian Ankowitsch wurde 1959 in Klosterneuburg bei Wien geboren. Der promovierte Kunsthistoriker war von 1993 bis 2001 für die Wochenzeitung »Die ZEIT« tätig. Heute lebt Ankowitsch als Journalist und Buchautor mit seiner Familie in Berlin.

Christian Ankowitsch

Dr. Ankowitschs Kleines Konversationslexikon

Gestaltet von Cosima Schneider

Mit 22 Illustrationen
von Andreas Karner

GOLDMANN

FÜR LEOPOLD

Umwelthinweis:
Alle bedruckten Materialien dieses Taschenbuches
sind chlorfrei und umweltschonend

3. Auflage
Taschenbuchausgabe April 2006
Wilhelm Goldmann Verlag, München,
in der Verlagsgruppe Random House GmbH

Lektorat: Oliver Th. Domzalski
Umschlaggestaltung: Design Team München
unter Verwendung des Original-Leuchtturms der Eichborn-Ausgabe
(Umschlaggestaltung der Originalausgabe: Diana Lukas Nülle)
Gestaltung des Innenteils: Cosima Schneider
Die Illustrationen auf folgenden Seiten
stammen von Andreas Karner: 13, 23, 33, 37, 47, 50, 54, 65, 74,
84, 86, 98, 100, 109, 115, 131, 132, 148, 163, 176, 181

KF · Herstellung: Sebastian Strohmaier
Druck und Bindung: Clausen & Bosse, Leck
Printed in Germany
ISBN: 978-3-442-15381-7

www.goldmann-verlag.de

Einige ausufernde Lexika

ZEDLERS GROSSES VOLLSTÄNDIGES UNIVERSAL-LEXIKON ALLER WISSENSCHAFTEN UND KÜNSTE
1732–1754 · Johann Heinrich Zedler · 64 Bände · Editionsdauer: 22 Jahre
Erste deutschsprachige Enzyklopädie; gilt als das größte bis zu diesem Zeitpunkt gedruckte Universallexikon des Abendlandes. Vollkommenheitsanspruch.

OEKONOMISCHE ENCYKLOPÄDIE ODER ALLGEMEINES SYSTEM DER STAATS- STADT- HAUS- U. LANDWIRTHSCHAFT IN ALPHABETISCHER ORDNUNG
1773–1858 · Johann Georg Krünitz · 242 Bände · Editionsdauer: 85 Jahre · http://www.kruenitz1.uni-trier.de
Abkehr von der allumfassenden Enzyklopädie; versucht hingegen, alle zeitgenössischen Erkenntnisse aus Naturwissenschaft und Technik zu versammeln.

ALLGEMEINE ENCYKLOPÄDIE DER WISSENSCHAFTEN UND KÜNSTE
1818–1889 · Johann Samuel Ersch & Johann Gottfried Gruber · 168 Bände · Editionsdauer: 71 Jahre
Größte in Deutschland je erschienene Enzyklopädie der Geistes- und Kulturwissenschaften; Edition wurde nach dem 168. Band abgebrochen. Letzte Einträge zum Buchstaben »Ph«. Der längste Artikel beschäftigt sich mit »Griechenland« und umfaßt 3.668 Seiten (Band 80–87).

ALLGEMEINE DEUTSCHE BIOGRAPHIE (ADB)
1875–1912 · 55 Bände & Register · Editionsdauer: 37 Jahre
Historisch-biographisches Lexikon, das als wesentlichstes Informationsmedium über Personen dient, die im deutschsprachigen Raum in herausragender Weise wirksam waren. Seit 1953 erscheint die Neue Deutsche Biographie (NDB), die bis Band 21 (»Pütter« – »Rohlfs«) gediehen ist.

PAULYS REALENCYCLOPÄDIE DER CLASSISCHEN ALTERTUMSWISSENSCHAFT
1894–2000 · 50 Bände · Editionsdauer: 106 Jahre
Standard-Nachschlagewerk für das klassische Altertum, dessen Wissenschaften und Rezeption; enthält rund 100 000 Stichwörter, Ergänzungen, Korrekturen und Supplementstichwörter.

ÖSTERREICHISCHE ARCHITEKTUR IM 20. JAHRHUNDERT
1965–? · Friedrich Achleitner · 4 Bände · Editionsdauer: bislang 43 Jahre
Lebenswerk des Schriftstellers und Architekturhistorikers Achleitner; die Editionsgeschichte ist eine Folge sich aufhäufenden Materials und dessen Unbewältigbarkeit; geplant für 1970, erschien der 1. Band 1980. Getrieben von der Idee der Vollständigkeit und Authentizität. Es fehlt noch der 3. Wien-Band und der Band über Niederösterreich sowie die Überarbeitung der alten Bände. Tendenziell unbeendbar.

SCHOTT'S ORIGINAL MISCELLANY
2002 · Ben Schott · 1 Band · 159 Seiten
Letzte Stufe der gedruckten Enzyklopädien; beschränkt sich auf das assoziative Zitieren jener Inhalte, die ehedem Regalmeter füllten; einzig adäquate Antwort auf die Expansion des menschlichen Wissens und Nichtwissens.

WIKIPEDIA
2001–? · Wikimedia Foundation, Florida/USA · http://de.wikipedia.org/wiki/Hauptseite
Mehrsprachige Enzyklopädie im Internet, Inhalte frei nutzbar. Die deutschsprachige Ausgabe umfaßte nach über sechs Jahren (Januar 2008) bereits 690.504 Artikel. Die Software erlaubt es jedem Internetbenutzer, an dieser Wissensammlung mitzuschreiben. Von allen Versuchen, das Wissen der Welt an einem Ort und für alle erreichbar zusammeln, der erfolgversprechendste. Oder zumindest der am wenigsten wahnsinnige.

Die Söhne von Adam und Eva

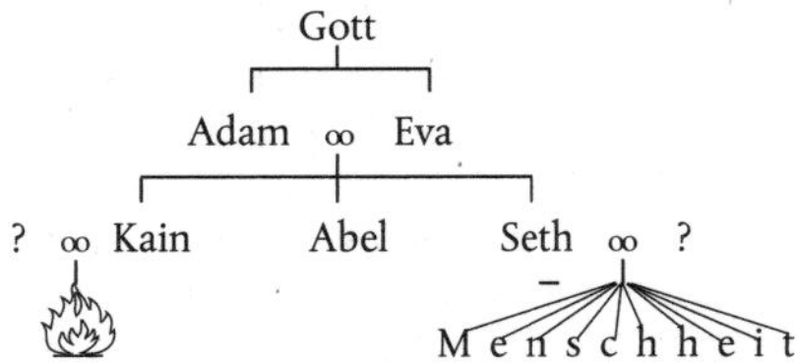

Unser aller Ureltern – Adam und Eva – hatten drei Söhne. Und kaum daß es sie gab, stürzten sie die Menschen gleich ins Unglück. So erschlägt Kain seinen Bruder Abel aus Neid; seitdem gilt er als Archetypus des gewalttätigen Frevlers.
Ein wenig beachtetes Dasein fristete hingegen der dritte und letzte Sohn: Seth, der Ersatz für Abel. Da Abel keine Kinder hatte und die Nachkommen Kains des Teufels waren, stammt allerdings die gesamte Menschheit von Seth ab. In der Bibel heißt es dazu: »Adam erkannte abermals sein Weib, und sie gebar einen Sohn, den nannte sie Seth; denn Gott hat mir, sprach sie, einen andern Sohn gegeben für Abel, den Kain erschlagen hat. Und Seth zeugte auch einen Sohn und nannte ihn Enos.« (Gen 4,25) Wer die Frau des Seth war und woher sie kam – das verschweigt uns die Bibel; sie verrät nur, daß Seth das biblische Alter von 912 Jahren erreichte.

Amtseid, Eid, Gelübde, Gelöbnis

Der deutsche Amtseid: »Ich schwöre, daß ich meine Kraft dem Wohle des deutschen Volkes widmen, seinen Nutzen mehren, Schaden von ihm wenden, das Grundgesetz und die Gesetze des Bundes wahren und verteidigen, meine Pflichten gewissenhaft erfüllen und Gerechtigkeit gegen jedermann üben werde. (So wahr mir Gott helfe.)«

Laut Artikel 56 des Grundgesetzes für die Bundesrepublik Deutschland müssen diesen Amtseid sowohl der Bundespräsident als auch der Kanzler und die Regierungsmitglieder ablegen – und zwar vor dem Bundestag. Der Eid kann auch ohne religiöse Beteuerung geleistet werden.

Der Schweizerische Eid: »Ich schwöre (vor Gott dem Allmächtigen), die Verfassung und die Gesetze zu beachten und die Pflichten meines Amtes gewissenhaft zu erfüllen.«

Laut Bundesgesetz über die Bundesversammlung (Parlamentsgesetz, ParlG) vom 13. Dezember 2002 muß jedes Mitglied der Bundesversammlung vor seinem Amtsantritt den Eid oder das Gelübde ablegen – das Gelübde unterscheidet sich vom Eid nur durch die Weglassung der

Gottes-Anrufung. Wer sich weigert, den Eid bzw. das Gelübde zu leisten, verzichtet auf sein Amt.

Das österreichische Gelöbnis: »Ich gelobe, daß ich die Verfassung und alle Gesetze der Republik getreulich beobachten und meine Pflicht nach bestem Wissen und Gewissen erfüllen werde.«

Laut Art. 62 Abs. 1 der Bundesverfassung leistet der österreichische Bundespräsident beim Antritt seines Amtes vor der Bundesversammlung dieses Gelöbnis.

Wie lautet die Antwort auf das Leben, das Universum und den ganzen Rest?

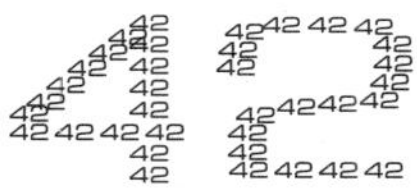

Gegeben wird sie von dem Computer »Deep Thought« in Douglas Adams' Roman »The Hitchhiker's Guide to Galaxy« (»Per Anhalter durch die Galaxis«) – und zwar nach 7,5 Millionen Jahren Rechenzeit.

Kaum ist sie gefunden, regt der Computer an, man möge jetzt einmal die präzise Frage zu seiner Antwort formulieren. Um das zu schaffen, wird ein noch größerer Computer gebaut – und zwar die Erde. Doch fünf Minuten bevor er die richtige Frage zur Antwort findet (nach 10 Millionen Jahren Rechenzeit), wird die Erde von einem Vogonen-Bautrupp in die Luft gesprengt, weil sie einer Hyperraum-Umgehungsstraße im Wege ist.

Mit dem Ende der Welt beginnt übrigens Adams' Roman.

Die klassischen Säulenordnungen

Die griechischen Säulenordnungen ➛ Die dorische Ordnung ➛ Die ionische Ordnung mit ihren Unterordnungen, der attisch-ionischen Ordnung und der kleinasiatischen ionischen Ordnung ➛ Die korinthische Ordnung

Die römischen Säulenordnungen ➛ Die römisch-dorische Ordnung mit ihrer Unterordnung, der toskanischen Ordnung ➛ Die römisch-ionische Ordnung ➛ Die Komposit-Ordnung (der Verbindung aus ionischer und korinthischer Ordnung)

Neunundneunzig Fachgebiete

Andrologie ... Männerkunde
Angelologie ... Engel
Angiologie ... Gefäßerkrankungen
Anthropologie ... Menschen
Arachnologie ... Spinnen
Archäologie ... Ausgrabungen
Assyriologie ... Assyrer
Astrologie ... Sterndeutung
Ätiologie ... Ursachen
Biologie ... Leben / Lebewesen
Bryologie ... Moose
Chronologie ... Abfolge von Ereignissen
Dämonologie ... Dämone
Dermatologie ... Haut
Embryologie ... Vorgeburtliches
Endokrinologie ... Hormone
Entomologie .... Insekten
Enzymologie ... Enzyme
Epidemiologie ... Epidemien
Epistemologie ... Erkenntnis
Ethnologie ... fremde Völker
Ethologie ... menschliches Verhalten
Etymologie ... Herkunft der Wörter
Genealogie ... Ahnen
Geochronologie ... Alter von Gesteinen
Geologie ... Erde
Gerontologie ... menschliches Altern
Herpetologie ... Amphibien, Reptilien
Histologie ... biologisches Gewebe
Hydrologie ... Gewässer
Ichthyologie ... Fische
Immunologie ... Immunsystem
Infektiologie ... Infektionen
Japanologie ... Japan
Kardiologie ... Herz
Kinesiologie ... menschliche Energie und Bewegung
Kriminologie ... Verbrechen
Klimatologie ... Klima
Kosmologie ... Kosmos
Kryptologie ... Verschlüsselung
Kynologie ... Hunde
Ludologie ... Spiel
Meteorologie ... Wetter
Methodologie ... wissenschaftliche Methoden
Metrologie ... Maße, Gewichte
Mineralogie ... Mineralien
Morphologie ... Formen
Mykologie ... Pilze
Mythologie ... Mythen
Neurologie ... Nerven
Neuropathologie ... Krankheiten der Nerven
Neurophysiologie ... Funktionsweise der Nerven
Numerologie ... Zahlen
Ökologie ... Umweltkunde und -schutz
Ökotrophologie ... Ernährung
Onkologie ... Krebs
Önologie ... Wein und -bau
Ontologie ... Das Sein
Oologie ... Vogeleier
Ophthalmologie ... menschliches Auge
Ornithologie ... Vögel
Osteologie ... Knochen
Paläontologie ... Entwicklung der Lebewesen
Parapsychologie ... Übersinnliches
Pathologie ... Krankheiten
Pädologie ... Kind
Pädiatrie ... kindliche Erkrankungen
Petrologie ... Gesteine
Phänomenologie ... Erscheinung der Dinge
Pharmakologie ... Heilmittel
Philologie ... Sprachen

Philosophie … Weisheit
Phonologie … Laute
Phraseologie … Redewendungen
Physiologie … natürliche Lebensvorgänge
Pneumatologie … Hl. Geist
Pneumologie … Lungenkrankheiten
Politologie … Politik
Pomologie … Obstkunde
Proktologie … Enddarm
Psychologie … menschliche Seele
Pulmologie … Atemwegserkrankungen
Radiologie … Anwendung von Strahlen
Rheologie … dynamisch-mechanisches Verhalten von Substanzen
Röntgenologie … Anwendung von Röntgenstrahlen
Seismologie … Erdbeben
Sinologie … China
Soziologie … Gesellschaft
Technologie … Anwendung der Technik
Teleologie … Zielbestimmung von Dingen und Ereignissen
Theologie … Gott
Topologie … Raum
Toxikologie … Gifte
Typologie … Gruppenzuordnung
Terminologie … Fachbegriffe
Urologie … Harnorgane
Viktimologie … Opfer krimineller Handlungen
Zoologie … Tiere
Zytologie … Aufbau der Zellen

Und die Nr. 100 wäre die Disziplinologie (Lehre von den Fachgebieten)

Klassische Irrtümer, Küchendinge betreffend

Bratwurst ≠ heißt so, weil sie gebraten wird = In Wirklichkeit liegt sowohl dem Wort »Bratwurst« als auch »Braten« »brate« oder »brato« zugrunde, was Fleisch bedeutet.
Erdnüsse ≠ sind Nüsse = In Wirklichkeit sind sie Bohnen und gehören zu den Hülsenfrüchten.
Hamburger ≠ Das »Ham« in Hamburger leitet sich vom englischen Wort Schinken ab = In Wirklichkeit hat der Hamburger seinen Namen von der gleichnamigen Stadt. Das Hackfleisch wurde von deutschen Auswanderern via Hamburg nach Amerika gebracht.
Hechtsuppe, es zieht wie ≠ Eine Fischsuppe mit Hechtfleisch muss gut durchziehen = »Hechtsuppe« ist eine Verballhornung der jiddischen Wörter »hech«, das »wie« bedeutet, und »supha«, das für Sturm steht. Es zieht also »wie Sturm«.
Klossbrühe, das ist so klar wie ≠ Brühe mit Klößen drin muß klar sein = Die Brühe, die durchsichtig zu sein hatte (wohl um der Völlerei vorzubeugen), hieß ursprünglich »Klosterbrühe«.
Kohldampf haben ≠ Hunger auf nahrhafte, dampfende Kohlgerichte haben = Kohldampf ist aus den Wörtern »Kohler« und »Dampf« zusammengesetzt, die beide Hunger heißen.

Wenn Flüsse rückwärts fließen

Flüsse fließen für gewöhnlich in eine Richtung. Doch münden sie ins Meer, kann sich ihre Fließrichtung für einige Zeit umkehren, wenn die Flut genügend große Mengen von Wasser ins Flußbett drückt. Dabei entsteht eine Welle, die sich stromaufwärts bewegt und »Bore« genannt wird. Ein Phänomen, das bei Surfern beliebt ist, bietet es doch ein zweifach paradoxes Erlebnis: Man surft flußaufwärts und das viele Kilometer lang.

Die berühmteste Bore kann man einmal jährlich am Unterlauf des Amazonas erleben und zwar im Frühjahr zu Vollmond. Zu dieser Zeit wälzt sich eine bis zu vier Meter hohe Welle den Fluß hoch. Zweimal am Tag kann man dieses Phänomen im Fluß Severn bei Gloucester beobachten. Auch dort finden sich Surfer ein, obwohl sie sich mit kleineren Wellendimensionen zufriedengeben müssen.

Die Lebenserwartung einiger Haustiere

Für Eltern ist die Lebensdauer eines Haustieres von wesentlicher Bedeutung: In welchem Verhältnis steht der Wunsch des Kindes zum Höchstalter des begehrten Haustiers? Anders gefragt: Wie lange müssen Eltern für die Wünsche ihrer Kinder büßen und mit dem Haushund spazierengehen? Auch dann noch, wenn das Kind längst sein Studium beendet hat?
Hier als erste Entscheidungsgrundlage eine kleine Tabelle (die Altersangaben sind Durchschnittswerte und können von Rasse zu Rasse divergieren):

2 Jahre	Maus	15	Schaf
2	Hamster	15	Pythonschlange
3	Ratte	20	Hauskatze
5	Guppy	25	Ente
7	Meerschweinchen	25	Gans
10	Zwergkaninchen	25	Huhn
10	Kanarienvogel	35	Haustaube
13	Wellensittich	35	Pferd
14	Laubfrosch	65	Sumpfschildkröte
15	Hund	70	Papagei

Die korrekte Anrede von Würden- und Titelträgern

Titel		persönliche Anrede	Titel		persönliche Anrede
Bundespräsident		Herr Bundespräsident Frau Bundespräsidentin	Bundeskanzler		Herr Bundeskanzler Frau Bundeskanzlerin
Minister		Herr Minister Frau Ministerin	Ministerpräsident		Herr Ministerpräsident Frau Minister-präsidentin
Doktor		Herr Doktor ... Frau Doktor ...	Magister Magistra		Herr Magister[1] Frau Magister[1]
Professor		Herr Professor ... Frau Professor ...	Rektor		Magnifizenz[2] Magnifizenz[2]
Botschafter		Exzellenz Exzellenz	Gesandter		Exzellenz Exzellenz
Konsul		Herr Konsul Frau Konsulin	Baron Baronin		Baron ... Baronin ...
Fürst Fürstin		Durchlaucht	Graf Gräfin		Graf ... Gräfin ...
Prinz Prinzessin		Durchlaucht	Erzherzog		Kaiserliche Hoheit
Bischof Erzbischof	röm.-kath. röm.-kath.	Exzellenz Exzellenz	Bischof Bischöfin	ev.	Herr Landesbischof Frau Landesbischöfin
Rabbiner	jüd.	Herr Rabbiner	Imam	musl.	Sehr geehrter Herr Imam
Kardinal	röm.-kath.	Eminenz	Papst	röm.-kath.	Heiliger Vater

[1] nur in Österreich [2] nur bei offiziellen Anlässen

Die Todsünden

HOFFART – NEID – ZORN –
GEIZ – UNKEUSCHHEIT – UNMÄSSIGKEIT –
RELIGIÖS-SITTLICHE TRÄGHEIT

Im Grunde sind diese sieben Sünden Formen jenes Hochmuts, dessen sich die Menschen von Geburt an schuldig machen – ohne daß sie daran etwas ändern könnten.

Kennzeichen für die Pflege von Textilien

Kalt waschen	Handwäsche	Schonwaschgang	Wasch- temperatur	Nicht mit Wasser waschen

Chemische Reinigung	Keine chemische Reinigung	Kann chlorge- bleicht werden	Nicht bleichen	Trockner normal

Trockner niedrig	Nicht in den Trockner	Zum Trocknen auf einen Kleider- bügel hängen	Tropfnaß aufhängen	Flach trocknen

Hohe Bügeltem- peratur -200° z.B. Baumwolle, Leinen	Mittlere Bügel- temperatur -150° z.B. Viskose, Baumwoll- gemische	Niedrige Bügel- temperatur -100° z.B. Chemiefaser	Nicht bügeln	

Universal verständliche Gefühle

Glück/Freude – Überraschung – Furcht/Angst – Ekel
Trauer – Wut – Verachtung

Jede Gesellschaft drückt sich auf andere Weise aus. Nur diese sieben Gefühle werden auf der ganzen Welt mit Hilfe derselben Mimik gezeigt, sind also universal verständlich.

Das Unverständliche in der Philosophie

Der Mensch von heute ist stolz auf alles, was er nicht versteht. Alles, was er versteht, zieht ihn ja auf sein eigenes, erbärmliches Niveau herab. Deshalb gibt es eigens angestellte Leute, zum Beispiel »Satiriker«, die das Unverständliche aufsammeln und dem Publikum preisgeben. Eine unversiegbare satirische Quelle ist die Philosophie, »philosophia perennis«, sie macht die innerzeitlichen Idioten, also die Menschen von heute, unendlich stolz, weil sie ganz einfach überhaupt nichts davon verstehen.

Nehmen wir Fichtes Werke, da steht tatsächlich drin: »Dasjenige, dessen Sein (Wesen) bloß darin besteht, daß es sich selbst als seiend setzt, ist das Ich als absolutes Subjekt. So wie es sich setzt, ist es; und so wie es ist, setzt es sich.« Ha ha, das Ich setzt sich selbst, vielleicht auf die Klobrille? Hegel ist überhaupt unverständlich, faselt etwas von »fühlender Seele in ihrer Unmittelbarkeit« oder an anderer Stelle von der »wirklichen Seele in ihrer durchgebildeten und sich zu eigen gemachten Leiblichkeit als einzelnes Subjekt für sich«. Jedem wirklichen Psychiater in seiner Unmittelbarkeit zieht es die Schuhe aus.
Beliebt für ihre Unverständlichkeit ist die »Frankfurter Schule«, ein Witzekatalog, besonders Adorno, der unter anderem sogar gesagt hat: »Während die gesellschaftliche Gesamtverfassung formale Gleichheit der Rechte garantiert, konserviert sie stets noch das Bildungsprivileg und gewährt die Möglichkeit differenzierter und fortgeschrittener geistiger Erfahrung nur wenigen.«
Aber keiner soll glauben, daß andere Traditionen der Philosophie verständlicher wären: »Wenn wir«, schreibt Wittgenstein (wir!), »von pvq und –p auf q schließen, so ist hier durch die Bezeichnungsweise die Beziehung der Satzformen von ›pvq‹ und ›–p‹ verhüllt.« Daß hier etwas verhüllt ist, merkt ein jeder. Aber warum im Leben (das ohnedies schon geschlossene Anstalt genug ist) sollten wir auch noch von pvq und –p auf q schließen?
Franz Schuh

Die Anfänge von acht klassischen Balladen samt einer vollständigen von Theodor Fontane

Erlkönig

Wer reitet so spät durch Nacht und Wind?
Es ist der Vater mit seinem Kind;
Er hat den Knaben wohl im Arm,
Er faßt ihn sicher, er hält ihn warm.

Johann Wolfgang von Goethe (1749–1832)

Lorelei

Ich weiß nicht, was soll es bedeuten,
Daß ich so traurig bin;
Ein Märchen aus uralten Zeiten,
Das kommt mir nicht aus dem Sinn.

Heinrich Heine (1797–1856)

Die Bürgschaft

Zu Dionys, dem Tyrannen, schlich
Damon, den Dolch im Gewande;
Ihn schlugen die Häscher in Bande.
»Was wolltest Du mit dem Dolche, sprich!«
Entgegnet ihm finster der Wüterich.
»Die Stadt vom Tyrannen befreien!«
»Das sollst Du am Kreuze bereuen.«

Friedrich Schiller (1759–1805)

Das Veilchen

Ein Veilchen auf der Wiese stand,
Gebückt in sich und unbekannt,
Es war ein herzig's Veilchen.
Da kam eine junge Schäferin
Mit leichtem Schritt und munterm Sinn
Daher, daher,
Die Wiese her, und sang.

Johann Wolfgang Goethe (1749–1832)

Der Lattenzaun

Es war einmal ein Lattenzaun,
Mit Zwischenraum, hindurchzuschaun.

Christian Morgenstern (1871–1914)

Kinderkreuzzug

In Polen, im Jahr Neununddreißig
War eine blutige Schlacht,
Die hatte viele Städte und Dörfer
Zu einer Wildnis gemacht.

Bertolt Brecht (1898–1956)

Herr von Ribbeck auf Ribbeck im Havelland

Herr von Ribbeck auf Ribbeck im Havelland,
Ein Birnbaum in seinem Garten stand,
Und kam die goldene Herbsteszeit,
Und die Birnen leuchteten weit und breit,
Da stopfte, wenn's Mittag vom Turme scholl,
Der von Ribbeck sich beide Taschen voll,
Und kam in Pantinen ein Junge daher,
So rief er: »Junge, wiste 'ne Beer?«
Und kam ein Mädel, so rief er: »Lütt Dirn,
Kummt man röwer, ick hebb 'ne Birn.«

Theodor Fontane (1819–1898)

Hiroshima

Der den Tod auf Hiroshima warf
Ging ins Kloster, läutet dort die Glocken.
Der den Tod auf Hiroshima warf
Sprang vom Stuhl in die Schlinge, erwürgte sich.
Der den Tod auf Hiroshima warf
Fiel in Wahnsinn, wehrt Gespenster ab
Hunderttausend, die ihn angehen nächtlich
Auferstandene aus Staub für ihn.

Marie Luise Kaschnitz (1901–1974)

John Maynard

John Maynard!

»Wer ist John Maynard?«

»John Maynard war unser Steuermann,
Aus hielt er, bis er das Ufer gewann,
Er hat uns gerettet, er trägt die Kron',
Er starb für uns, unsre Liebe sein Lohn.
John Maynard.«

*

Die »Schwalbe« fliegt über den Eriesee,
Gischt schäumt um den Bug wie Flocken von Schnee,
Von Detroit fliegt sie nach Buffalo –
Die Herzen aber sind frei und froh,
Und die Passagiere mit Kindern und Frau'n
Im Dämmerlicht schon das Ufer schaun,
Und plaudernd an John Maynard heran
Tritt alles: »Wie weit noch, Steuermann?«
Der schaut nach vorn und schaut in die Rund':
»Noch dreißig Minuten ... Halbe Stund«.

Alle Herzen sind froh, alle Herzen sind frei –
Da klingt's aus dem Schiffsraum her wie ein Schrei,
»Feuer!« war es, was da klang,
Ein Qualm aus Kajüt' und Luke drang,
Ein Qualm, dann Flammen lichterloh,
Und noch zwanzig Minuten bis Buffalo.

Und die Passagiere, buntgemengt,
Am Bugspriet stehn sie zusammengedrängt,
Am Bugspriet vorn ist noch Luft und Licht,
Am Steuer aber lagert sich's dicht,
Und ein Jammern wird laut: »Wo sind wir? Wo?«
Und noch fünfzehn Minuten bis Buffalo.

Der Zugwind wächst, doch die Qualmwolke steht,
Der Kapitän nach dem Steuer späht,
Er sieht nicht mehr seinen Steuermann,
Aber durchs Sprachrohr fragt er an:
»Noch da, John Maynard?«
»Ja, Herr. Ich bin.«
»Auf den Strand! In die Brandung!«
»Ich halte drauf hin.«
Und das Schiffsvolk jubelt: »Halt aus! Hallo!«
Und noch zehn Minuten bis Buffalo.

»Noch da, John Maynard?« Und Antwort schallt's
Mit ersterbender Stimme: »Ja, Herr, ich halt's!"
Und in die Brandung, was Klippe, was Stein,
Jagt er die »Schwalbe« mitten hinein.
Soll Rettung kommen, so kommt sie nur so.
Rettung: der Strand von Buffalo.

*

Das Schiff geborsten. Das Feuer verschwelt.
Gerettet alle. Nur einer fehlt!

*

Alle Glocken gehn; ihre Töne schwell'n
Himmelan aus Kirchen und Kapell'n,
Ein Klingen und Läuten, sonst schweigt die Stadt,
Ein Dienst nur, den sie heute hat:
Zehntausend folgen oder mehr,
Und kein Aug' im Zuge, das tränenleer.

Sie lassen den Sarg in Blumen hinab,
Mit Blumen schließen sie das Grab,
Und mit goldner Schrift in den Marmorstein
Schreibt die Stadt ihren Dankspruch ein:
»Hier ruht John Maynard! In Qualm und Brand
Hielt er das Steuer fest in der Hand,
Er hat uns gerettet, er trägt die Kron',
Er starb für uns, unsre Liebe sein Lohn.
John Maynard.«

Theodor Fontane (1819–1898)

Die hl. drei Könige

Name	Geschenk an Jesus	Bedeutung des Geschenks	Kontinent	Alter	König von
Caspar	Gold	für einen König	Afrika	Jüngling	Indien
Melchior	Weihrauch	für einen Priester	Europa	mittler. Alter	Persien
Balthasar	Myrrhe	für einen Propheten	Asien	Greis	Arabien

Die Geschichte der hl. drei Könige wurde im Laufe der Jahrhunderte verändert, ergänzt und neu interpretiert. Das hat zur Folge, daß sie alles andere als schlüssig ist und zum Beispiel die den Königen zugeordneten Kontinente und Königswürden nicht zusammenpassen.
Die Geschenke freilich, die sie Jesus überbringen, sind in ihren Bedeutungen klar – und auch genau beschreibbar. Während sich Gold von selber versteht, handelt es sich bei Myrrhe (Commiphora myrrha) um das Harz des Myrrhebaums, das man gewinnt, indem man seine Rinde anritzt. Es gibt verschiedene Myrrhebaumsorten, sie gehören zur Familie der Balsambaumgewächse und finden sich zum Beispiel im Norden Somalias und in Arabien. Das Harz wird erst getrocknet und dann verbrannt, wobei es durch seine ätherischen Öle einen angenehmen Geruch erzeugt. Auch beim Weihrauch handelt es sich um ein Baumharz und zwar das des Weihrauchbaums (Boswellia carteri); sein Harz wird ebenso gewonnen wie Myrrhe und zu vielfältigen, auch medizinischen Zwecken verwendet.

Wenn die Sternsinger am Gedenktag der hl. drei Könige, dem 6. Januar, ein Haus segnen, schreiben sie mit Kreide über dessen Eingangstür:

20 C + M + B 08

Die den Buchstaben voran- und nachgestellten Zahlen bezeichnen das Jahr. Über die Bedeutung der drei Buchstaben gibt es unterschiedliche Ansichten. Während sie für die einen nichts anderes als die Initialen der hl. drei Könige bezeichnen, sehen die anderen darin die Abkürzung des Satzes »Christus Mansionem Benedicat«, also »Christus segne dieses Heim«.

Die österreichischen Bundesländer

Burgenland · Kärnten · Niederösterreich · Oberösterreich · Salzburg · Steiermark · Tirol · Vorarlberg · Wien

Einige Redewendungen, den Arsch betreffend

In seinem »Deutschen Sprichwörter-Lexikon« (1867–1880) versammelt Karl Friedrich Wilhelm Wander folgende Redewendungen, die den Arsch betreffen.

Aus einem verdrießlichen Arsch fährt kein fröhlicher Furz. Im Arsch ist's finster. Im Arsch sind die Hühner taub. Mit einem Arsche kann man nicht auf zwei Hochzeiten tanzen. Mit eines andern Arsch ist gut durchs Feuer fahren. Setz dich auf den Arsch, so trägt dir keine Maus Stroh hinein. Wer den Arsch bei sich hat, der hat gut scheißen. Wie der Arsch, so die Hose. Der Arsch geht ihm auf Grundeis. Du kannst dir's am Arsch abfingern. Er hat den Arsch voll Acten. Man kann ihm den Arsch mit einer Erbse verkeilen. Wenn ist, so gib dem Arsch die Ehre; wenn aber nichts da ist, so leide, Arsch! Er kann mich kreuzweis und überzwerg im Arsch lecken. Man scheißt am besten mit eigenem Arsch.

Eis und Schnee

Wenn Piloten über das Wetter sprechen, verwenden sie dabei eine Reihe von Abkürzungen.

FZ › freezing › *gefrierend* · **FZDZ** › freezing drizzle › *gefrierendes Nieseln* · **FZFG** › freezing fog › *gefrierender Nebel* · **FZRA** › freezing rain › *gefrierender Regen* · **GS** › small hail and/or snow pellets › *Reifgraupel* · **GR** › hail or soft hail › *Hagel oder Graupeln* · **PE** › ice pellets › *Eiskörner* · **IC** › diamond dust › *Eisnadeln* · **ICE** › icing › *Vereisung* · **SG** › snow grains › *Schneegriesel* · **SN** › snow › *Schnee*

Ehemalige Teilstaaten der Sowjetunion

Armenien – Aserbaidschan – Estland* – Georgien – Kasachstan – Kirgisistan – Lettland* – Litauen* – Moldau – Rußland – Tadschikistan – Turkmenistan – Ukraine – Usbekistan – Weißrußland

* seit 2004 Mitglieder der EU und der NATO

Das klassische griechische Alphabet

Viele Begriffe werden mit einem Male verständlich, wenn wir das klassische griechische Alphabet kennen. So wird beispielsweise klar, warum das Alphabet Alphabet heißt (nach seinen ersten beiden Buchstaben), und auch die Bezeichnung für die Versionen von Software-Entwicklungen sowie die Redewendung »Kein Jota nachgeben« werden plötzlich verständlich.

	groß	klein	Name	Beispiel für Verwendung	Erläuterung
1	Α	α	**Alpha**	Alphatier	Leittier in einer Herde
2	Β	β	**Beta**	Beta-Version	Unfertige Version einer Computersoftware
3	Γ	γ	**Gamma**	Gammaeule (Autographa gamma)	Eulenfalter, lebt in Eurasien und hat auf den Vorderflügeln je ein silberweißes Gammazeichen; bis 4 cm Spannweite
4	Δ	δ	**Delta**	»Das Delta der Venus«	Erotische Erzählungen von Anaïs Nin, 1977
5	Ε	ε	**Epsilon**	Epsilon Eridani	Sonnenähnlicher Stern, 10,5 Lichtjahre entfernt
6	Ζ	ζ	**Zeta**	Zetafunktion	Lt. Bernhard Riemann sollte man mit ihrer Hilfe die Anzahl der Primzahlen in einem bestimmten Intervall voraussagen können (1859)
7	Η	η	**Eta**	Eta Carinae	Der hellste Stern in unserer Milchstraße, mit wechselnder Helligkeit, 7500 Lichtjahre entfernt
8	Θ	θ	**Theta**	Thetan	So nennt Scientology die reine Seele; vor Millionen von Jahren habe ein Finsterling Milliarden von Thetanen in Kisten gesperrt und durch eine Wasserstoffbombe auf die Erde geschossen; nun gelte es, sie wieder zu befreien.
9	Ι	ι	**Jota**	»kein Jota (kein Stück) nachgeben«	Weil das kleine Jota in Form eines einfachen Strichs dargestellt wird, dient es in der Bibel als Metapher für das Winzigste (Mt., 5,18: »Bis Himmel und Erde vergehen, wird nicht vergehen der kleinste Buchstabe …«
10	Κ	κ	**Kappa**	Kappazismus	Form der Dyslalie (Artikulationsstörung), bei der der K-Laut nicht ausgesprochen werden kann und gelegentlich durch einen T-Laut ersetzt wird; bei Kleinkindern normal.
11	Λ	λ	**Lambda**	Lambda-Sonde	Hilft dabei, daß Automotoren wenig Abgase ausstoßen, wenig Kraftstoff verbrauchen und zugleich optimale Leistung erbringen. Ist vor dem Katalysator eingebaut, um den Sauerstoffgehalt des vorbeiströmenden Abgases zu messen.
12	Μ	μ	**My**	μ	Das Kürzel »μ« steht für das Präfix »micro« und bezeichnet eine prominente Zehnerpotenz: 10^{-6}, was gleichbedeutend ist mit 1 Millionstel bzw. 0,000001.
13	Ν	ν	**Ny**	ν	Der Buchstabe »ν« ist das Symbol für die »kinematische Viskosität« einer Flüssigkeit, also einer der beiden Meßgrößen, die Aufschluß darüber gibt, wie zäh eine Flüssigkeit ist; die »kinematische Viskosität« bezeichnet die innere Reibung einer Flüssigkeit. Die andere Meßgröße ist die »dynamische Viskosität«.

	groß	klein	Name	Beispiel für Verwendung	Erläuterung
14	Ξ	ξ	**Xi**	ξ	Der Buchstabe »ξ« bezeichnet die Schallauslenkung, also jene Distanz, die ein Teilchen eines akustischen Übertragungsmediums wie etwa Luft von seiner stabilen Ruhelage schwingt.
15	Ο	ο	**Omikron**	Yakumo Omikron	Name eines PDA, also eines Taschencomputers (personal digital assistent)
16	Π	π	**Pi**	π ≈ 3,1415926536	Die Zahl Pi gibt das konstante Verhältnis des Kreisumfangs zum Durchmesser an; Pi ist eine unendliche, nichtperiodische Dezimalzahl (3,141…).
17	Ρ	ρ	**Rho**	Rho	An der Börse versteht man unter »Options-Rho« eine wichtige Kennzahl, mit deren Hilfe man das Risiko bestimmter Optionsscheine bewerten kann.
18	Σ	σ	**Sigma**	Sigmatismus	Form der Dyslalie (Artikulationsstörung), ugs. »Lispeln«
19	Τ	τ	**Tau**	Pan Tau	Name einer TV-Serie aus den 60er und 70er Jahren, in der der gleichnamige Herr die Hauptrolle spielt (Otto Simánek); tippt er mit zwei Fingern auf die Melone und fährt dann an ihrem Rand entlang, kann er zaubern.
20	Ψ	υ	**Ypsilon**	»Mein Freund Ypsilon«	Erzählung von Arthur Schnitzler (1889)
21	Φ	ϕ, φ	**Phi**	Phi = 1,618033989	Die Zahl namens »Phi« wird auf Basis der »Fibonacci-Reihe« errechnet, bei der sich die nächste Zahl aus der Summe der beiden vorangehenden Zahlen ergibt (1, 1, 2, 3, 5, 8, 13, 21, 34, 55, 89, 144, 233, 377 …). Teilt man eine dieser Fibonacci-Zahlen durch jene Zahl, die unmittelbar in der Reihe vor ihr steht, so ergibt sich mit wachsender Genauigkeit die Zahl Phi = 1,618033989. Diese Zahl Phi bezeichnet das Verhältnis des Goldenen Schnittes, also der Teilung einer Linie auf die Weise, daß die gesamte Linie sich zu dem größeren Teilstück so verhält wie das größere zum kleineren. Der Goldene Schnitt erscheint uns als wohlproportioniert und taucht in vielen Naturformen auf.
22	Χ	χ	**Chi**	Chiasmus	Rhetorische Figur, bei der Wortgruppen oder Sätze überkreuz gestellt werden: »Die Kunst ist lang, und kurz ist unser Leben« (Goethe).
23	Ψ	ψ	**Psi**	Psi	Sammelbegriff für parapsychologische Phänomene, also alle naturwissenschaftlich nicht erklärbaren Dinge (Telepathie, Psychokinese etc.).
24	Ω	ω	**Omega**	Alpha und Omega	»Ich bin das A und das O, spricht Gott der Herr, der da ist und der da war und der da kommt, der Allmächtige.« (Apk., 1,8)

Bekannte Diäten

Trennkost – Markert Diät – Blutgruppen Diät – F. X. Mayr Kur* – Weight Watchers – Mittelmeer Diät – Apfelessig Diät – Low Fat Diät – Montignac Methode – Typ Diät – Kohlsuppen Diät** – 3D-Diät*** – BCM Diät –FdH (Friß die Hälfte) – Schroth Kur – Atkins Diät – Mayo Diät – Kartoffel Diät – Hollywood Diät – Reduktions Diät – Rohkost – Brigitte-Diät

Bekannte Persönlichkeiten, die die entsprechende Diät angewandt haben:
* Harald Schmidt ** Sean Connery, Michelle Pfeiffer *** Karl Lagerfeld

Vier berühmte Handtaschen

Coco Chanel: Trapezform, aus grobem schwarzen Webstoff, asymmetrisch angebrachtes Satinband mit Perlmuttknopf und Schleife. Henkelgriff.

Mary Poppins: Besteht aus verschiedenen Teppichsorten.

Kelly Bag: Überschlagtasche mit seitlichen Zugbändern und einem Henkelgriff. 1930 entstanden, ursprünglich gedacht zum Transport von Zaumzeug; wird 1956 von Hermès adaptiert und von Grace Kelly auf dem Titelblatt von Life vorgestellt; avanciert zum Must-Have.

Di-Bag: Von Dior; die letzte Tasche von Lady Di.

Die vier römischen Lager um das Dorf von Asterix & Co

Das Dorf der unbeugsamen Gallier, von denen die Comicserie »Asterix« seit 1959 erzählt, ist von vier römischen Lagern umstanden. Sie heißen (von West nach Ost):

Aquarium – Babaorum – Laudanum - Kleinbonum

Im französischen Original tragen die vier Lager dieselben Namen wie im Deutschen – mit Ausnahme von Kleinbonum, das im Original »Petibonum« heißt. Die Namen sind nicht zufällig gewählt, sondern voller Anspielungen. Mit »Aquarium« machen sich die Erfinder von Asterix, Goscinny und Uderzo, über den Umstand lustig, daß antike Badeorte stets den Namenszusatz »Aquae« (z.B. Aquae Aureliae) trugen; Babaorum leitet sich von einem französischen Dessert ab (»Baba au rhum«), einem mit Rum getränkten Hefekuchen; Laudanum wiederum ist der Name eines Pharmazeutikums, einer alkoholischen Opiumtinktur zur Schmerzlinderung; nur Kleinbonum ist in der deutschen Übersetzung hintersinnfrei – im Französischen hingegen spielt Petibonum auf »petit bonhomme« an, das für »kleiner Spießer« steht.

Die Ausgangslage der jeweiligen Asterix-Folge wird in jedem Band mit denselben Worten beschrieben: »Wir befinden uns im Jahr 50 v. Chr. … Ganz Gallien ist von den Römern besetzt … Ganz Gallien? Nein! Ein von unbeugsamen Galliern bevölkertes Dorf hört nicht auf, dem Eindringling Widerstand zu leisten. Und das Leben ist nicht leicht für die römischen Legionäre, die als Besatzung in den befestigten Lagern Babaorum, Aquarium, Laudanum und Kleinbonum liegen …«
Paradoxerweise hat allein das Dorf der unbeugsamen Gallier selbst keinen Namen.

Deutsche Bogenformate

DIN A0	841 x 1189 mm*	Vierfachbogen	Plakat
DIN A1	594 x 841 mm	Doppelbogen	
DIN A2	420 x 594 mm	Bogen	Druckbogen für Bücher
DIN A3	297 x 420 mm	Halbbogen	
DIN A4	210 x 297 mm	Viertelbogen	Briefbogen/Standardblatt
DIN A5	148 x 210 mm	Blatt	Schulheft
DIN A6	105 x 148 mm	Halbblatt	Postkarte
DIN A7	74 x 105 mm	Viertelblatt	Notizblock
DIN A8	52 x 74 mm	Achtelblatt	Visitenkarte

* Die Maße bezeichnen jeweils Breite x Höhe

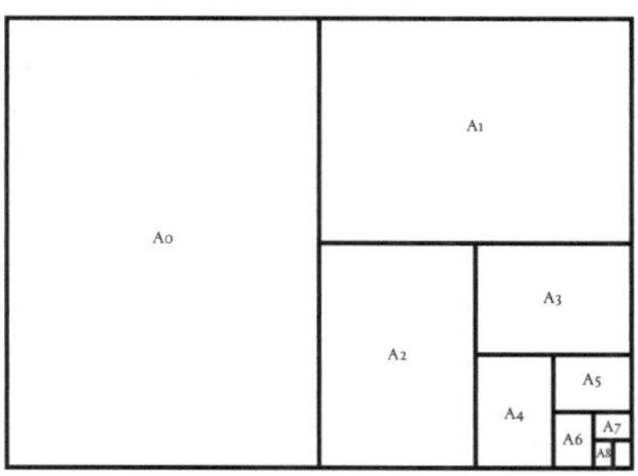

Einige Flaggen mit Tieren

Das eindeutig beliebteste Flaggentier ist der Adler, weit abgeschlagen folgt der Löwe. Der Rest des kleinen Zoos ist ebenso heterogen wie die verwendeten Flaggen-Extras.

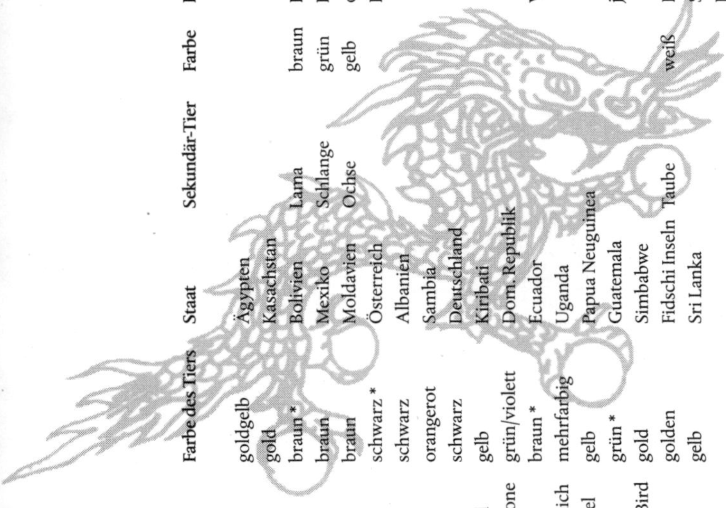

Gattung	Leit-Tier	Farbe des Tiers	Staat	Sekundär-Tier	Farbe	Flaggen-Extras	Ratio[1] und Domains
Vögel	Adler	goldgelb	Ägypten				2:3 .eg
	Adler	gold	Kasachstan				1:2 .kz
	Adler	braun *	Bolivien	Lama	braun	Palme	2:3 .bo
	Adler	braun	Mexiko	Schlange	grün	Kandelaberkaktus	4:7 .mx
	Adler	braun	Moldavien	Ochse	gelb	orthodoxes Kreuz	2:3 .md
	Adler	schwarz *	Österreich			Hammer & Sichel	2:3 .at
	Adler	schwarz	Albanien				5:7 .al
	Adler	orangerot	Sambia				2:3 .zm
	Adler	schwarz	Deutschland				3:5 .de
	Fregattvogel	gelb	Kiribati				3:5 .ki
	Kaiseramazone	grün/violett	Dom. Republik				1:2 .dm
	Kondor	braun *	Ecuador			Vulkan Chimborazo	1:2 .ec
	Kronenkranich	mehrfarbig	Uganda				2:3 .ug
	Paradiesvogel	gelb	Papua Neuguinea				3:4 .pg
	Quetzal	grün *	Guatemala			je 2 Gewehre u. Degen	2:3 .gt
	Zimbabwe Bird	gold	Simbabwe				1:2 .zw
Großkatzen	Löwe	golden	Fidschi Inseln	Taube	weiß	Bananenstaude	1:2 .fj
	Löwe	gelb	Sri Lanka			Schwert, Pipulblätter	36:71 .lk
Schwielensohler	Lama	weiß *	Peru			Füllhorn mit Geld	2:3 .pe
Fabelwesen	Drache	weiß	Bhutan				4:5 .bt

1 Die Ratio benennt das Seitenverhältnis der Flagge (Höhe:Breite) * diese Länder haben Flaggen, die nur von der Regierung verwendet werden dürfen und die Tiere aufweisen. Die von Privaten zu verwendenden hingegen sind in der Regel tierlos.

Windstärken nach Beaufort

Wer die Stärke des Windes ohne ein Meßgerät bestimmen will, bedient sich der Skala, die der englische Admiral Sir Francis Beaufort 1805 geschaffen hat. Heute gilt zumeist die Geschwindigkeit in km/h als Maßeinheit der Windstärke. (Wirbelstürme sind allerdings ein Fall für sich.)

Windstärke nach Beaufort	Geschwindigkeit in km/h	Auswirkung des Windes im Binnenland	auf See
0 Windstille	0-1	Rauch steigt senkrecht empor	spiegelglatte See
1 Leiser Zug	1-5	bewegt Rauch, Blätter unbewegt	kleine, schuppenförmige Kräuselwellen ohne Schaumkamm
2 Leichte Brise	6-11	im Gesicht fühlbar, Blätter rascheln	kleine Wellen, Kämme brechen sich nicht
3 Schwache Brise	12-19	bewegt Blätter und dünne Zweige	Kämme beginnen sich zu brechen, Schaum meist glasig
4 Mäßige Brise	20-28	bewegt Zweige, hebt Staub und loses Papier	noch kleine Wellen, aber vielfach weiße Schaumköpfe
5 Frische Brise	29-38	bewegt größere Zweige und Bäume	mäßige, lange Wellen mit Schaumköpfen, vereinzelt Gischt
6 Starker Wind	39-49	bewegt dicke Äste, läßt Drahtseile pfeifen	es bilden sich große Wellen, Kämme brechen, größere weiße Schaumflächen, etwas Gischt
7 Steifer Wind	50-61	erschwert das Gehen (fühlbarer Widerstand)	See türmt sich, der beim Brechen entstehende Schaum legt sich in Streifen in Windrichtung
8 Stürmischer Wind	62-74	bricht Zweige von Bäumen, erschwert das Gehen erheblich	mäßig hohe Wellenberge mit langen Kämmen, von denen Gischt abweht
9 Sturm	75-88	verursacht kleinere Schäden an Häusern und Dächern	hohe Wellenberge, dichte Schaumstreifen in Windrichtung, Rollen der See, Gischt verweht
10 Schwerer Sturm	89-102	entwurzelt Bäume, beschädigt Häuser	sehr hohe Wellenberge, See weiß durch Schaum, stoßartiges Rollen der See
11 Orkanartiger Sturm	103-117	verursacht schwere Schäden	außergewöhnlich hohe Wellenberge, Wellenkämme werden überall zu Gischt verweht, herabgesetzte Sicht
12 Orkan	118-133	verursacht Verwüstungen	Luft mit Schaum und Gischt angefüllt, See ist vollständig weiß, keine Fernsicht mehr

Unsere fünf Botschaften an Außerirdische

1. und 2. Botschaft
1972/1973 → Pioneer 10 & 11

→ Zeitpunkt des Versands: 3. März 1972 (Pioneer 10) und 6. April 1973 (Pioneer 11)
→ Daraus besteht die Botschaft: Aus je einer vergoldeten Plakette mit Grüßen und Informationen an Außerirdische
→ Damit wird sie transportiert: mit Hilfe zweier baugleicher Pioneer-Raumsonden; die Plaketten wurden außen angebracht
→ Ziel der Reise: Stern Aldebaran (Pioneer 10), was einer Flugstrecke von 68 Lichtjahren entspricht; Ankunft in ca. 2 Millionen Jahren.
→ Absender der Botschaft: C. Sagan und F. Drake
→ Das enthält die Botschaft genau:

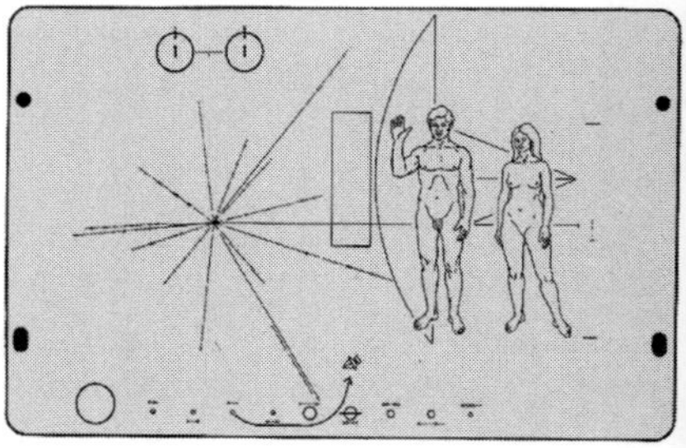

- *Abbild eines Mannes und einer Frau*
- *Schematische Darstellung unseres Sonnensystems*
- *Informationen über die Position der Erde*
- *Aufbau eines Wasserstoffmoleküls*
- *Silhouette der Raumsonde*

Aktueller Stand der Mission: Pioneer 10 arbeitet (gerade) noch. Die letzten Daten von der Sonde wurden am 3. März 2002 empfangen, obwohl das »Space Projects Division Operations Center« die Sonde am 31. März 1997 außer Dienst gestellt hat. Der letzte Kontakt zur baugleichen Pioneer 11 bestand am 24. November 1995. Beide Sonden verlassen eben unser Sonnensystem, der Kontakt mit ihnen ist abgebrochen. Die Entfernung zur Erde beträgt über 12 Milliarden Kilometer, dies entspricht ca. 0,0012 Lichtjahren.

3. Botschaft
1974 → Radiosignal

→ Zeitpunkt des Versands: Am 16. November 1974, 1.00 pm AST (= Atlantic Standard Time = 19:00 Uhr MEZ)
→ Daraus besteht die Botschaft: aus einem Radiosignal in einer Länge von 1679 Bit, binär kodiert. Richtig zusammengesetzt ergibt sich aus ihm eine schwarz-weiße, 23 x 73 Bildpunkte große Abbildung.
→ Damit wurde sie versandt: mit Hilfe des Radioteleskops in Arecibo (Puerto Rico); die effektive Sendeleistung beim Senden der Botschaft betrug 2.000 Giga-Watt.
→ Ziel der Botschaft: Kugelsternhaufen Messier 13
→ Absender: Frank Drake und Carl Sagan

→ Das enthält die Botschaft genau:

- *Die Zahlen 1 bis 10 in binärer Schreibweise*
- *Ordnungszahlen der Elemente Wasserstoff, Kohlenstoff, Stickstoff, Sauerstoff und Phosphor*
- *Beschreibung der Moleküle der menschlichen DNS*
- *Schematische Darstellung des Menschen: Kopf, Rumpf, 4 Extremitäten (Körpergröße 176,4 cm)*
- *Zahl der Erdbevölkerung im Jahr 1974*
- *Schematische Darstellung unseres Sonnensystems*
- *Schematische Darstellung des Arecibo-Teleskops*

4. UND 5. BOTSCHAFT
1977 → VOYAGER 1 & 2

→ Zeitpunkt des Versands: 20. August 1977 (Voyager 2) und 5. September 1977 (Voyager 1)
→ Daraus besteht die Botschaft: aus je einer zwölf Zoll großen, vergoldeten Kupfer-Scheibe namens »Sounds of Earth«, die Bilder und Tonaufnahmen enthält; die Scheibe ist einer klassischen Langspielplatte ähnlich, jedoch mit geringerer Abspielgeschwindigkeit (16 2/3 RPM), um mehr Informationen unterzubringen.
→ Damit wird sie transportiert: mit Hilfe zweier Voyager-Raumsonden; die Scheiben sind an Bord der Sonden untergebracht.
Das enthalten die Scheiben genau:

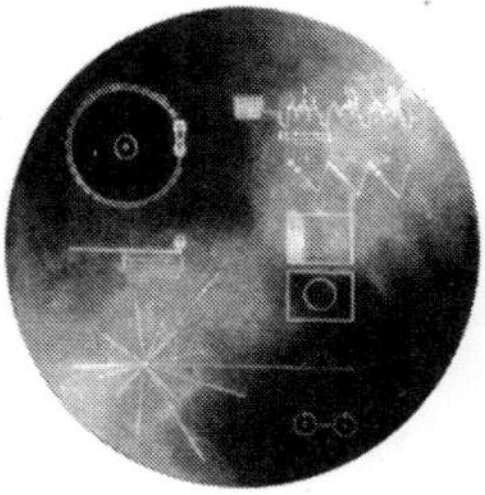

auf der Rückseite

- *symbolische Erklärung, wie man die Daten auf der Vorderseite dekodiert*
- *Wasserstoffatom*
- *Position der Erde in Relation zu 14 Pulsaren und dem Zentrum der Milchstraße*

auf der Vorderseite

- *116 analoge Bilder*
- *Audiodateien mit Grüßen in 55 Sprachen (auch in Deutsch, WAV- und AU-Format)*
- *»Murmurs of Earth« (Geräusche von der Erde: Vögel, Wind, Walgesänge, Start einer Saturn V etc.)*
- *22 Musiktitel / 90 Minuten Musik (Klassik, Folk, Rock'n Roll – Johann Sebastian Bach, Wolfgang Amadeus Mozart, Chuck Berry etc.)*

Aktueller Stand der Mission: Die Voyager 1 gilt als überaus erfolgreich, die Sonde funktioniert noch und wird voraussichtlich bis 2020 Daten zur Erde funken. Nummer 2 ist ihr knapp auf den Fersen. Voyager 1 ist das am weitesten von der Erde entfernte Objekt, das Menschen gemacht haben. Die Sonde befindet sich in einem Abstand von etwa 15,5 Milliarden Kilometern von der Sonne. Sie ist 100-mal weiter von ihr entfernt als die Erde.

Die Ritter der Tafelrunde

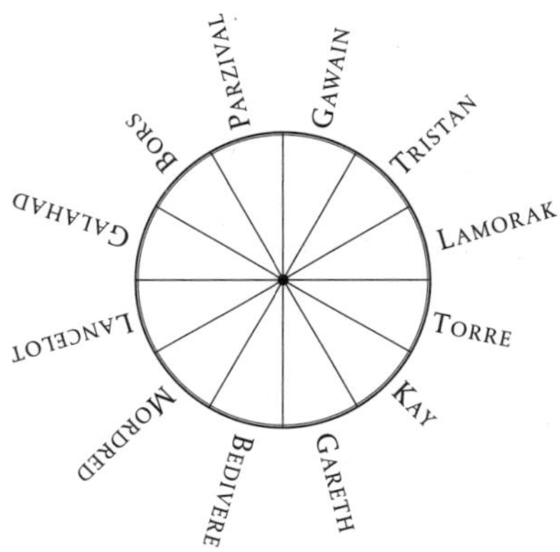

Die ewige Bestenliste der Fußball-WM

Rechnet man die Ergebnisse aller Spiele während der 18 Fußball-Weltmeisterschaften seit 1930 zusammen, ergibt sich folgende ewige Bestenliste:

	Land	Teilnahmen	Spiele	Siege	Unentschieden	Niederlagen	Tore	Punkte
1.	Brasilien	18	92	64	14	14	201:84	**142**
2.	Deutschland*	16	92	56	18	18	190:112	**130**
3.	Italien	16	77	45	18	14	122:69	**108**
4.	Argentinien	14	65	33	12	20	113:74	**78**
5.	England	12	55	25	16	14	74:47	**66**
6.	Frankreich	12	51	25	9	17	95:64	**59**
7.	Spanien	12	49	22	12	15	80:57	**56**
8.	Schweden	11	46	16	13	17	74:69	**45**
9.	Niederlande	8	36	16	10	10	59:38	**42**
10.	UdSSR/Russland	9	37	17	6	14	64:44	**40**
…								
18.	Österreich	7	29	12	4	13	43:47	**28**
…								
22.	Schweiz	8	26	8	4	14	37:51	**20**

Sieg: 2 Punkte / Unentschieden: 1 Punkt

Die Schweiz und Österreich haben nicht öfter verloren als Brasilien. Deutschland hingegen schon.

* Nur Bundesrepublik Deutschland. Die DDR mit 1 Teilnahme und 6 Spielen würde die Bilanz durch 6 Punkte bereichern: 2 Siege, 2 Unentschieden, 2 Niederlagen bei 5:5 Toren.

Die Inkarnationen deutschen Rocks & Pops

1. Rammstein
2. Nena
3. Die Toten Hosen
4. Kraftwerk
5. Tokio Hotel
6. Paul van Dyk
7. Blümchen
8. Trio
9. Joy / Schnappi, das kleine Krokodil
10. In Extremo

Geht es nach dem »Deutschen Musik-Exportbüro«, einer Initiative der Internationalen Medienhilfe (IMH) in Köln, sind diese Bands bzw. Personen die zehn Inkarnationen deutscher Rock- und Popmusik. Für das 1. Halbjahr 2007 hat das IMH im Ausland erhoben, wie bekannt welche Musiker, wie häufig ihrer CDs in einschlägigen Läden anzutreffen sind und wie häufig ihre Musik in Radiostationen zu hören ist.

Alle deutschen Wörter, die auf »nf« enden

fünf · Genf · Hanf · Senf

Will man die Zahl der auf »nf« endenden Wörter unbedingt steigern, kann man noch folgende dazuzählen:

Banf · Ganf · Sernf

Bei ersterem handelt es sich um eine in Unternehmen übliche Abkürzung, die für »Bestellanforderung« steht (samt dem dazugehörigen Verb »banfen«). Ganf wiederum ist eine Nebenform zu »Ganeff«, was im Jargon des Rotwelsch für Ganoven steht. Und die Sernf ist ein Fluß im Schweizer Kanton Glarus.

Die drei Grundfragen der Kantischen Philosophie

WAS KANN ICH WISSEN?
WAS SOLL ICH TUN?
WAS DARF ICH HOFFEN?

Das Alphabet in der Blindenschrift (Brailleschrift)

Ein Zeichen der Blindenschrift besteht immer aus einer rechteckigen Grundform mit 6 Positionen (angeordnet in 3 Zeilen und 2 Spalten) und ist eine Kombination aus Punkten und Leerstellen. Damit lassen sich alle Buchstaben, Ziffern und Satzzeichen darstellen.
Die Blindenschriftzeichen sind in 6 Gruppen à jeweils 10 Zeichenkombinationen unterteilt, wobei die erste Gruppe (Buchstaben A-J) sich dadurch auszeichnet, daß in der untersten Zeile kein Punkt steht. Die Gruppen 2–6 greifen dann die Kombinationen aus der ersten Gruppe wieder auf und ergänzen sie durch weitere Zeichen bzw. verschieben sie.

Die Zeichen der 1. Gruppe (A-J) haben unten keine Punkte.

A	B	C	D	E	F	G	H	I	J
⠁	⠃	⠉	⠙	⠑	⠋	⠛	⠓	⠊	⠚

Die 2. Gruppe (K-T) ergibt sich, indem den Zeichen der 1. Gruppe jeweils ein Punkt unten links hinzugefügt wird.

K	L	M	N	O	P	Q	R	S	T
⠅	⠇	⠍	⠝	⠕	⠏	⠟	⠗	⠎	⠞

Die 3. Gruppe (U, V, X-Z, und Akzent-Buchstaben) ergibt sich, indem den Zeichen der 1. Gruppe jeweils zwei Punkte unten hinzugefügt werden.

U	V	X	Y	Z	Ç	É	À	È	Ù
⠥	⠧	⠭	⠽	⠵	⠯	⠿	⠷	⠮	⠾

Die 4. Gruppe (weitere Sonderbuchstaben und das W) ergibt sich, indem den Zeichen der 1. Gruppe jeweils ein Punkt unten rechts hinzugefügt wird.

Â	Ê	Î	Ô	Û	Ë	Ï	Ü	Ö	W
⠡	⠣	⠩	⠹	⠱	⠫	⠻	⠳	⠪	⠺

Die 5. Gruppe (Satzzeichen) ergibt sich, indem die Punkte der 1. Gruppe jeweils eine Zeile nach unten rutschen, so daß es oben keine Punkte gibt.

,	;	:	.	?	!	( )	«	*	»
⠂	⠆	⠒	⠲	⠢	⠖	⠶	⠦	⠔	⠴

Die 6. Gruppe (0-9) entsteht, in dem man vor die Zeichen der 1. Gruppe jeweils das Ziffernzeichen ⠼ setzt:

	1	2	3	4	5	6	7	8	9	0
⠼	⠁	⠃	⠉	⠙	⠑	⠋	⠛	⠓	⠊	⠚

Fünf Namen des höchsten Bergs der Welt

(8848 m)

Chomolungma[1] – Everest[1] – Göttin der Mutter Erde[1] – Qomolangma[2] – Sagarmatha[3]

[1]NASA
[2]Radio China International
[3]UNESCO

Die chinesischen Tierkreiszeichen und die ihnen zugeordneten Jahre

1912	1924	1936	1948	1960		
1972	1984	1996	2008	2020	*Ratte*	Shu
1913	1925	1937	1949	1961		
1973	1985	1997	2009	2021	*Ochse*	Niu
1914	1926	1938	1950	1962		
1974	1986	1998	2010	2022	*Tiger*	Hu
1915	1927	1939	1951	1963		
1975	1987	1999	2011	2023	*Hase*	T'u
1916	1928	1940	1952	1964		
1976	1988	2000	2012	2024	*Drache*	Lung
1917	1929	1941	1953	1965		
1977	1989	2001	2013	2025	*Schlange*	She
1918	1930	1942	1954	1966		
1978	1990	2002	2014	2026	*Pferd*	Ma
1919	1931	1943	1955	1967		
1979	1991	2003	2015	2027	*Ziege*	Yang
1908	1920	1932	1944	1956		
1968	1980	1992	2004	2016	*Affe*	Hou
1909	1921	1933	1945	1957		
1969	1981	1993	2005	2017	*Hahn*	Chi
1910	1922	1934	1946	1958		
1970	1982	1994	2006	2018	*Hund*	Kou
1911	1923	1935	1947	1959		
1971	1983	1995	2007	2019	*Schwein*	Chu

Ihre Begründung finden diese Zuordnungen von Jahren und Tieren durch verschiedene Legenden. Einer zufolge lud Buddha im 6. Jh. v. Chr. alle Tiere der Erde zu sich ein und versprach jedem, das erscheine, ein Jahr zu widmen. Doch nur zwölf Tiere leisteten seiner Einladung Folge. Woraufhin Buddha den Jahren ihre Namen gab – und zwar in jener Reihenfolge, in der die Tiere zu ihm kamen, vorneweg die Ratte. Fast hätte der Ochse das Rennen gemacht, doch die Ratte war auf seinem Rücken geritten und sprang Buddha vor die Füße.

Außereuropäische Gebiete der EU

Durch die koloniale Geschichte von Frankreich, Portugal und Spanien gehören auch einige außereuropäische Gebiete zur EU. Es sind das die französischen Übersee-Departements Guadeloupe (Karibik, südöstlich von Costa Rica) und Martinique (Karibik, nördlich von Trinidad und Tobago), Französisch Guayana (nördliches Südamerika) und Réunion (Indischer Ozean, östlich von Madagaskar), die portugisischen Inseln Madeira und Azoren (Nordatlantik) und die spanischen Enklaven Ceuta und Melilla (marokkanische Nordküste) sowie die ebenfalls zu Spanien gehörenden Kanarischen Inseln (Atlantik, nordwestliche afrikanische Küste).

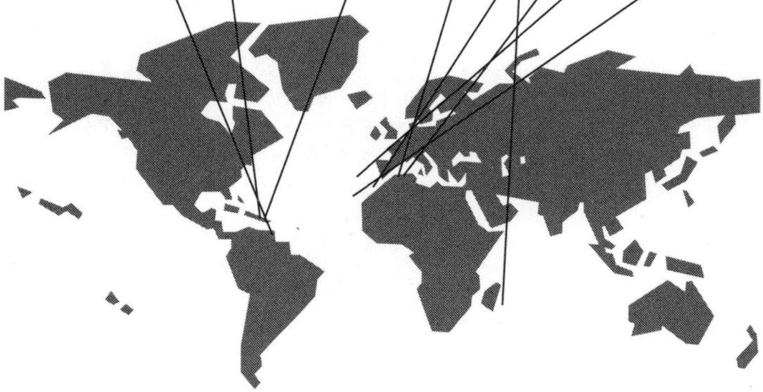

Peinigende Gegenstände

In seinem 1962 erstmals erschienenen Roman »Die Merowinger oder Die totale Familie« portraitiert der österreichische Schriftsteller Heimito von Doderer ein »weitverzweigtes Institut« namens »Hulesch & Quenzel«, das seine Zentrale in London habe und das zwar kaufmännisch organisiert, »jedoch wesentlich eine metaphyische Instanz« sei, »wie das zum Beispiel auch bei der Post der Fall ist«.

Das Institut ist darauf spezialisiert, die Menschen zu quälen und zwar durch »eine Summierung zahlloser Detail-Peinigungen«, so daß sie ihr Leben und die Weltgeschichte »für das Werk von zehntausend Teufeln kleinsten Formats« halten.

Zu diesem Zweck beschäftigt das Institut eine große Zahl von Agenten, die an der Realisierung dieses Plans arbeiten.

Eine der Abteilungen von Hulesch & Quenzel, die sogenannte Dritte Abteilung, sei auf die Herstellung von quälenden Alltagsgegenständen spezialisiert. Doderer führt folgende Beispiele aus deren Artikel-Katalog an:

No. 10729. ***Schrecksessel.*** Besonders bei Teegästen wirksam. Ursache nicht ohne weiteres einsichtig. Plötzliche Verkürzung eines Beines, das sich wieder ergänzt hat, wenn man nachsieht. Verschütten des Tees so gut wie gewährleistet.

No. 10730. ***Untertassen, pneumatisch.*** Haften einige Sekunden an der Teetasse.

No. 10731. ***Verschluß-Schrauben von Flaschen, Zahncrèmetuben etc. etc.*** aus hochelastischem Materiale, bei Herunterfallen springend. Teufelstänze am Steinboden des Badezimmers, Verrollen in entfernteste Ecken.*

No. 10732. ***Nähnadeln ohne Öhre*** (0,5%ige Beimischung).

No. 10733. ***Pein-Flaschen*** (zahlreiche Ausführungen). Sichere und ganz allmähliche Verpestung von Bücher-Kästen, Wäsche-Schränken, ganzen Zimmern. In verschiedenen Farben, je nach Verwendungszweck. Schwer auffindbar. Nur 2 mm dick, können überall rasch eingelegt oder eingeschoben werden. Jeder Geruch, je nach persönlichen Antipathien, lieferbar. Elegant und unauffällig, Form wie Zigarettenetui. Durch Drehen des Verschlusses mit geöffneter Düse gebrauchsfertig.

No. 10734. ***Schneidende Kragenknöpfe.*** Meist normal funktionierend. Jedoch von Zeit zu Zeit Hervorschnappen einer winzigen Klinge. Erzeugt stark blutende Schnitte, Befleckung von Hemd und Kragen gewährleistet. Eintritt der Störfunktion besonders bei gesteigerter Eile.

No. 10735. ***Wasserhähne,*** vorstehend, immer in der Mitte des Beckens, um Vorbeugen beim Waschen zu verhindern, (siehe Fußnote).

No. 10736. ***Künstlicher Taschengrus.*** In Miniaturpackungen. Mit dauernder Schmutzwirkung auf Fingerspitzen und Nägel. Ganz unauffällig, winziges Quantum genügt. Aus den Taschen der Anzüge kaum mehr herauszubringen. Wutanfälle mindestens mittlerer Stärke gewährleistet.

* Heute welteinheitlich von H. & Qu. – Von 10735 machte vor dem zweiten Weltkriege nur das Hotel Viktoria an der Frauenmauer zu Nürnberg eine Ausnahme.

Buchstaben, geordnet nach der Häufigkeit ihres Auftretens in der deutschen Sprache

In der deutschen Sprache kommen Buchstaben unterschiedlich häufig vor. Von besonderer Bedeutung ist das, wenn man versucht, seine Nachrichten zu verschlüsseln. Macht man es zu einfach, läßt sich aus der Häufigkeit bestimmter Zeichen auf deren wahre Bedeutung rückschließen.

E 17,40
N 9,78
I 7,55
S 7,27
R 7,00
A 6,51
T 6,15
D 5,08
H 4,76
U 4,35
L 3,44
C 3,06
G 3,01
M 2,53
O 2,51
B 1,89
W 1,89
F 1,66
K 1,21
Z 1,13
P 0,79
V 0,67
J 0,27
Y 0,04
X 0,03
Q 0,02

Die Liste stammt von Albrecht Beutelspacher. Er hat sie in seinem Buch mit dem poetischen Namen »Kryptologie. Eine Einführung in die Wissenschaft vom Verschlüsseln, Verbergen und Verheimlichen« publiziert.

Eselsbrücken

Die neun Musen	**Kliometerthal euer Urpokal.**	Klio · Melpomene · Terpsichore · Thalia · Euterpe · Erato · Urania · Polyhymnia · Kalliope
Die Planeten unseres Sonnensystems	**Mit viel Einsatz merkt jeder sich unsere Namen.**	Merkur · Venus · Erde · Mars · Jupiter · Saturn · Uranus · Neptun *
Erste Hilfe: Die Abfolge der Handgriffe	**A B C**	Atemwege freimachen – Beatmen – Cirkulation prüfen / reanimieren (Herzmassage)
Die Saiten eines Cellos	**Caesar ging durch Afrika.**	C · G · D · A
Korrekte Verwendung des Verbs »brauchen«	**Wer »brauchen« ohne »zu« gebraucht, braucht »brauchen« gar nicht zu gebrauchen.**	
Latein: unregelmäßige Formen für ...mal	**In die Semmel biss der Kater.**	semel, bis, ter, quater (einmal, zweimal, dreimal, viermal)
Latein: Präpositionen mit Ablativ	**a, ab, abs, e, ex und de cum und sine, pro und prae, in und sub** (auf die Frage »wo«)	
Reihenfolge der Ostfriesischen Inseln	**Welcher Seemann liegt bei Nelly im Bett?**	Wangerooge · Spiekeroog · Langeoog · Baltrum · Norderney · Juist · Borkum
Saiten der Gitarre	**Eine alte Dame geht heute einkaufen.**	E · A · D · G · H · E
Taxonomie (Klassifizierung von Lebewesen)	**Klasse Ordnung herrscht in der Familie, wenn der Gatte artig ist.**	Klasse > Ordnung > Familie > Gattung > Art
Latein: Wörter mit diesen Endungen sind weiblich	**Die -as, die –x, die -aus und -is und -s in parisyllabis, und -s, davor ein Konsonant, sind uns als weibliche bekannt.**	
Die Handwurzelknochen	**Ein Kähnchen fuhr im Mondenschein ums Dreieck- und ums Erbsenbein; Vieleck groß, Vieleck klein, ein Kopf, der muß am Haken sein.**	Kahnbein, Mondbein, Dreieckbein, Erbsenbein, großes und kleines Vieleck Kopfbein, Hakenbein
Wichtige Nebenflüsse der Donau	**Iller, Lech, Isar, Inn fließen rechts zur Donau hin; Wörnitz, Altmühl, Naab und Regen fließen ihr von links entgegen.**	Die Nebenflüsse sind nach der Seite der Einmündung und ihrer Reihenfolge sortiert

*** Im September 2006 definierte die internationale Astronomische Union (IAU) die Planeten des Sonnensystems neu, was dazu führte, dass Pluto der Planetenstatus aberkannt wurde.**

Die Dienstgrade der Bundesmarine

Oberstabsgefreiter

Mannschaft:
Matrose → Gefreiter → Gefreiter (UA) (=Unteroffizieranwärter) → Gefreiter (OA) (=Offizieranwärter) → Obergefreiter → Hauptgefreiter → Stabsgefreiter → Oberstabsgefreiter

Obermaat

Unteroffiziere ohne Portepee (Riemen bzw. Band mit Quaste am Degen bzw. Säbel):
Maat → Seekadett (Offizieranwärter) → Obermaat

Oberbootsmann

Unteroffiziere mit Portepee:
Bootsmann → Fähnrich zur See (Offizieranwärter) → Oberbootsmann → Hauptbootsmann → Oberfähnrich zur See (Offizieranwärter) → Stabsbootsmann → Oberstabsbootsmann

Stabskapitänleutnant

Offiziere:
Leutnant zur See → Oberleutnant zur See → Kapitänleutnant → Stabskapitänleutnant

Kapitän zu See

Stabsoffiziere:
Korvettenkapitän → Fregattenkapitän → Kapitän zur See

Admiral

Generale/Admirale:
Flottillenadmiral → Konteradmiral → Vizeadmiral → Admiral

Dreiecke

Es gibt sieben Arten von Dreiecken, die sich nach ihren Seitenlängen bzw. Innenwinkeln unterscheiden lassen:

	gleichseitig	gleichschenklig	ungleichseitig
rechtwinklig	–	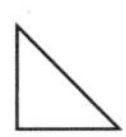	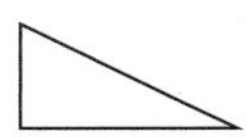
spitzwinklig	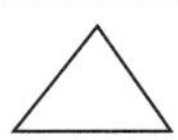		
stumpfwinklig	–	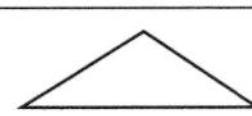	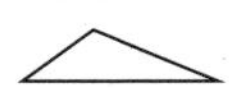

Die von der F.A.Z. in ihren Auto-Anzeigen verwendeten Abkürzungen

ABS	Antiblockiersystem	FB	Fernbedienung
Alarm	Alarmanlage	GaWa	Garagenwagen
ASD	Automatisches Sperrdifferenzial	GHD	Glas-Hebe-Dach
ASR	Anti-Schlupf-Regelung	GSD	Glas-Schiebe-Dach
Aut.	Automatikgetriebe	JW	Jahreswagen
Bj.	Baujahr	Klima	Klimaanlage
BC	Bordcomputer	Klimaaut.	Klimaautomatik
CD	CD-Player	LMF	Leichtmetallfelgen
Color	Colorverglasung	met.	metallic
eASP	elektrische Außenspiegel	Navi	Navigationssystem
eFH	elektrische Fensterheber	PDC	Parkdistanzkontrolle
eGHD	elektrisches Glas-Hebe-Dach	RS	Regensensor
eGSD	elektrisches Glas-Schiebe-Dach	SD	Schiebedach
eSD	elektrisches Schiebe-Dach	SHD	Schiebe-Hebe-Dach
eSHD	elektrisches Schiebe-Hebe-Dach	SHZ	Sitzheizung
ESP	elektrisches Stabilisierungsprogramm	VB	Verhandlungsbasis
		WA	Werksangehöriger
EZ	Erstzulassung	Xenon	Xenon-Scheinwerfer
eZV	elektrische Zentralverriegelung	ZV	Zentralverriegelung

Die 12 Apostel

Andreas – Bartholomäus - Jakobus der Ältere - Jakobus der Jüngere – Johannes – Judas Thaddäus – Matthäus – Petrus – Philippus – Simon Zelotes – Thomas – Judas Iskarioth ♀

Streng genommen gibt es 13 Apostel, denn für den Verräter Judas Iskarioth wurde Matthias nachnominiert – und zwar per Losentscheid.

♀ wird wegen seines Verrats an Christus in den Apostellisten stets an letzter Stelle genannt.

Gewichtsklassen beim Boxen (Männer)

Fliegengewicht	Bantamgewicht	Federgewicht	Leichtgewicht
bis 50,8 kg	53,5	57,1	61,2
Weltergewicht	Mittelgewicht	Halbschwergewicht	Schwergewicht
66,7	72,6	79,4	über 79,4

Der Iffland-Ring

Bruno Ganz (seit 1996)
Josef Meinrad (seit 1959)
Werner Krauss (seit 1952)
Albert Bassermann (seit 1911)
Friedrich Haase (seit 1878)

Dieser Ring gilt als die höchste Auszeichnung für deutschsprachige Schauspieler, und das schon allein deshalb, weil ihn sein Träger ein Leben lang behält – als Leihgabe. Er allein entscheidet testamentarisch darüber, wer ihn als nächster erhält. Das hat dazu geführt, daß er in den vergangenen 120 Jahren genau fünf Mal weitergegeben wurde (an lauter Männer).
Benannt ist der Ring nach dem bekannten Schauspieler, Theaterdirektor und Dramatiker August Wilhelm Iffland aus Hannover, einem Zeitgenossen Schillers (beide wurden 1759 geboren); Iffland spielte in der Uraufführung der »Räuber« den Franz Moor.
Um die Geschichte des wenig handlichen Fingerrings, der mit einem von Brillantsplittern umrahmten Portrait Ifflands verziert ist, gibt es einige Legenden, unter anderem die, daß ihn der große Berliner Schauspieler Ludwig Devrient (1784–1832) gestiftet habe.
Der erste gesicherte Träger des Ringes ist Friedrich Haase, der ihn 1878 erhielt und 1911 an Albert Bassermann vermachte. Der wiederum bestimmte dreimal hintereinander einen Erben, die er jedoch allesamt überlebte – bis er den Ring schließlich der Österreichischen Nationalbibliothek in Wien mit dem Auftrag überließ, nach seinem Tod einen Nachfolger zu suchen und das Weitervererben zu einer staatlichen Angelegenheit zu machen. Was auch geschah.

Die Kardinaltugenden

TAPFERKEIT – KLUGHEIT – MÄSSIGUNG – GERECHTIGKEIT

Die Kardinaltugenden wurden um 400 in die christliche Lehre aufgenommen und um die drei theologischen Tugenden Glaube, Hoffnung und Liebe ergänzt – womit ein weiteres Mal die in vielen symbolischen Zusammenhängen wichtige Zahl 7 erreicht wäre. Ihre Zahl und Hierarchisierung variierte im Laufe der Geschichte sehr stark.

Die Menüfolge des letzten Abendmahls

Brotfladen
Rotwein
Lamm
bittere Kräuter

Beim letzten Abendmahl, das Jesus mit seinen 12 Aposteln am Vorabend von Passah feierte, handelte es sich um keine gewöhnliche, sondern um eine festliche Mahlzeit – eben das Passahmahl. Es fand im Obergemach eines Jerusalemer Hauses statt und wurde auf Polstern liegend eingenommen. Frühe Darstellungen zeigen die Teilnehmer um einen Halbkreistisch, Jesus links außen auf einem Ehrenplatz.
Das Abendmahl begann damit, daß Jesus einen tellerförmigen, weichen Brotfladen in Stücke brach und sie seinen Jüngern mit den Worten reichte: »Nehmet, esset; das ist mein Leib.« Anschließend nahm er einen Becher mit rotem Wein und reichte ihn im Kreis: »Trinket alle daraus; das ist mein Blut des Bundes, das vergossen wird für viele zur Vergebung der Sünden.«
Anschließend gab es laut Matthäus (26,17) und Lukas (22,7) ein »Passahlamm«. Die Exegeten freilich sind uneins, ob es tatsächlich Lamm nach jüdischem Ritus gab (dazu bittere Kräuter) oder sich Jesus nicht vielmehr im Hause eines Vegetariers aufhielt.
Manche Darstellungen aus dem 5. Jhdt. lassen uns glauben, es habe auch noch Fisch gegeben; dabei handelt es sich jedoch um ein Symbol Christi, das dem Menü nachträglich hinzugefügt wurde.

Sichtbare Knochen

Das menschliche Skelett besteht aus mehr als 200 Knochen. Diese Knochen sind bis auf eine einzige Ausnahme nicht mit bloßem Auge zu sehen: die Zähne.

Scheinbar englische Begriffe

	Was gemeint ist	Was es im Englischen wirklich bedeutet	Was korrekt wäre
Basecap	Baseball-Mütze	existiert nicht	baseball cap
Beamer	Videoprojektor	BMW (Yuppie-Begriff für das deutsche Auto)	video projector
Body	reizvolle Unterwäsche für Frauen	Körper	lingerie
Bodybag	Tasche, die an einem breiten Träger quer über dem Oberkörper getragen wird	Leichensack	
Catchen	Ringen	fangen	Wrestling
etwas checken	etwas begreifen (ugs)	kontrollieren	to understand
Dressman	männliches Model	existiert nicht	male model
Handy	Mobiltelefon	geschickt, anstellig	mobile, mobile phone, cellular
Happy End	Glückliches Ende eines Films	existiert nicht	happy ending
kicken	Fußball spielen	treten	playing football / soccer
Longseller	Bestseller über lange Zeit	existiert nicht	
Mobbing	Psychoterror, vor allem am Arbeitsplatz	angreifen (to mob)	
Oldtimer	altes, ehrwürdiges Fahrzeug	alter Hase (old-timer)	vintage car
Pullunder	ärmelloser Pullover	existiert nicht	slipover
Showmaster	Künstler, der durch eine Show führt	existiert nicht	emcee
Smoking	Abendanzug	rauchend	tuxedo
Tramper	Anhalter	Wanderer	hitchhiker
Twen	Mensch in den Zwanzigern	existiert nicht	man in his twenties

Wichtige Grundrechte der Deutschen

§ In Artikel 1 bis 19 regelt das Grundgesetz für die Bundesrepublik Deutschland die Grundrechte. Hier einige davon.

Die Würde des Menschen ist unantastbar. Sie zu achten und zu schützen ist Verpflichtung aller staatlichen Gewalt.

Artikel 1, Abs. 1

§

Jeder hat das Recht auf die freie Entfaltung seiner Persönlichkeit, soweit er nicht die Rechte anderer verletzt und nicht gegen die verfassungsmäßige Ordnung oder das Sittengesetz verstößt.

Artikel 2, Abs. 1

§

Alle Menschen sind vor dem Gesetz gleich.

Artikel 3, Abs. 1

§

Die Freiheit des Glaubens, des Gewissens und die Freiheit des religiösen und weltanschaulichen Bekenntnisses sind unverletzlich.

Artikel 4, Abs. 1

§

Jeder hat das Recht, seine Meinung in Wort, Schrift und Bild frei zu äußern und zu verbreiten und sich aus allgemein zugänglichen Quellen ungehindert zu unterrichten. Die Pressefreiheit und die Freiheit der Berichterstattung durch Rundfunk und Film werden gewährleistet. Eine Zensur findet nicht statt.

Artikel 5, Abs. 1

§

Ehe und Familie stehen unter dem besonderen Schutze der staatlichen Ordnung.

Artikel 6, Abs. 1

§

Das gesamte Schulwesen steht unter der Aufsicht des Staates.

Artikel 7, Abs. 1

§

Alle Deutschen haben das Recht, sich ohne Anmeldung oder Erlaubnis friedlich und ohne Waffen zu versammeln.

Artikel 8, Abs. 1

§

Alle Deutschen haben das Recht, Vereine und Gesellschaften zu bilden.

Artikel 9, Abs. 1

§

Die Wohnung ist unverletzlich.

Artikel 13, Abs. 1

§

Politisch Verfolgte genießen Asylrecht.

Artikel 16a, Abs. 1

Die klassischen Kinderkrankheiten und ihre Symptome

Die meisten Kinder erkranken zwischen ihrem 3. und 5. Lebensjahr an folgenden sechs Kinder-

Krankheit	Ansteckung	Verlauf und Dauer	Symptome
Keuchhusten	durch Bakterien, die durch den Husten über eine Distanz von mehreren Metern übertragen werden; stärkste Ansteckungsgefahr einige Tage vor und zu Beginn der einwöchigen Husten- und Schnupfenphase	erst eine Woche untypischer Husten und Schnupfen; anschließend 3-6 Wochen Husten; Gesamtdauer bis zu 12 Wochen	krampfartiger, harter Husten bei rotem Gesicht und röhrenförmig vorgestreckter Zunge; röchelndes Einatmen, vor allem nachts
Masern	durch Viren, die bis zu fünf Meter weit übertragen werden können; Ansteckungsgefahr fünf Tage vor Krankheitsausbruch bis zwei Tage danach; Ausschlag tritt zwei Wochen nach Ansteckung auf	erst Schnupfen, Lichtempfindlichkeit, wenig Fieber; apathischer Zustand, Appetitlosigkeit, Husten; nach 3 Tagen werden Ausschlag und Fieber weniger, Auftreten von bräunlichem Ausschlag, der zwei Wochen anhält	Ausschlag mit hellroten, dann dunkler werdenden Flecken (3 bis 6 mm groß); treten erst hinter den Ohren und am Kopf auf, dann am Rumpf und an den Beinen; aufgedunsenes Gesicht, bis über 40 Grad Fieber
Mumps	durch Viren, hohe Ansteckungsgefahr durch Anhusten oder Berührung, beginnt vier Tage vor Ausbruch und endet sieben Tage danach; Krankheit tritt drei Wochen nach Ansteckung auf	Dauer rund eine Woche	schmerzhafte Schwellung vor einem oder beiden Ohren, 38 bis 40 Grad Fieber

krankheiten. Ihre Symptome sind typisch, weshalb die Krankheiten leicht zu erkennen sind.

Röteln	durch Viren, Ansteckung besonders durch Körperkontakt etwa zwei bis sieben Tage vor Beginn der Krankheit und bis zu zwei Wochen nach Abklingen des Ausschlags; Krankheit tritt zwei bis drei Wochen nach der Ansteckung auf	Dauer wenige Tage, leichter Krankheitsverlauf; 38,5 Grad Fieber	hellroter Ausschlag, hinter den Ohren und im Gesicht beginnend, sich über den ganzen Körper ausbreitend, schmerzhaft geschwollene Lymphknoten an Hals, Hinterkopf, Nacken und hinter den Ohren
Scharlach	durch Bakterien; Ansteckung vor allem durch eben erkrankte Personen, die rund drei Wochen lang ansteckend bleiben; Krankheit tritt zwei bis vier Tage nach der Ansteckung auf	erst Schluckbeschwerden, dann Fieber bis 39 Grad; Auftreten der Leitsymptome; erst weiß belegte Zunge, dann Himbeerzunge; nach zwei Tagen winzige, rote Flecken auf der Haut, am Hals, in den Achselhöhlen und in der Leistengegend beginnend, anschließend am gesamten Körper	dunkelroter Rachenraum und Gaumen; Himbeerzunge (starke Rötung mit deutlich vergrößerten Papillen)
Windpocken	durch Viren; Ansteckung durch direkten Kontakt infizierter Personen beginnend einen Tag vor Auftreten des Ausschlags bis fünf Tage nach dem Auftreten der letzten neuen Bläschen; Krankheit tritt zwei bis drei Wochen nach der Ansteckung auf	Ausschlag zeigt sich am ersten bis fünften Tag in Schüben; Dauer der Krankheit beträgt zwei bis drei Wochen; meist kein Fieber	kleine, juckende Bläschen im Gesicht, auf dem Kopf und dem ganzen Körper

Marken, die zum Begriff wurden

Manche Markennamen verbinden sich so innig mit dem Produkt, das sie bezeichnen, daß sie von ihm nicht mehr zu trennen sind. Hier einige Beispiele:

Markenname	Produkt	Hersteller
Aspirin	ASS-Präparat	Bayer AG
Ata	Scheuerpulver	Henkel AG
Bakelit	Duroplast	Bakelite AG
Bobbycar	Rutschauto für Kinder	BIG Spielwarenfabrik
Calgon	Entkalker für Waschmaschinen	Reckitt Benckiser plc
Colt	Revolver	Colt Defense LLC
Discman	tragbarer CD-Player	Sony
Dynamit	Sprengstoff	Dynamit Nobel AG
Edding	Dicker Filzstift	Edding AG
Flex	Trennschleifer	Flex Porter-Cable Corporation
Foen	Haartrockner	AEG
Jeep	Geländewagen	DaimlerChrysler
Kaba	Instant-Kakao	Kraft Foods
Kleenex	Papiertaschentücher	Kimberly-Clark
Knirps	faltbarer Regenschirm	Knirps GmbH
Labello	Lippenpflege	Beiersdorf AG
Maggi	Suppenwürze	Maggi / Nestlé AG
Maresi (Ö)	Kaffeemilch	Maresi GmbH
Moltofill	Dübelmasse	ICI-Molto
Nescafé	lösliches Kaffeepulver	Nestlé AG
Nirosta	nicht rostender Stahl	ThyssenKrupp
Nylon	Kunststoff	DuPont
Pampers	Wegwerfwindeln	Procter&Gamble
Polaroid-Kamera	Sofortbildkamera	Polaroid Corporation
Pril	Spülmittel	Henkel AG
Pritt-Stift	Klebestift	Henkel AG
Selters	Mineralwasser	Selters Mineralquelle Augusta Victoria GmbH
Styropor	expandiertes Polystyrol	BASF AG
Teflon	nichthaftendes Oberflächenmaterial	DuPont
Tempo	Papiertaschentücher	Procter&Gamble

tesa	Tesa	transparentes Klebeband	Beiersdorf AG
	Thermosflasche	wärmeisoliertes Gefäß	Thermos LLC
	Tixo (Ö)	transparentes Klebeband	Beiersdorf AG
UHU	Uhu	Alleskleber	UHU GmbH & Co. KG
	Walkman	tragbarer Kassettenspieler	Sony

Bekannte Persönlichkeiten, die Maier bzw. Mayer bzw. Mayr bzw. Meier bzw. Meir bzw. Meijer bzw. Meyer bzw. Myers heißen

Maier	Hermann	österreichischer Skirennläufer	*1972 Doppel-Olympiasieger und Weltcup-Gesamtsieger
	Sepp	deutscher Torwart	*1944 Fußball-Weltmeister 1974
Mayer	Hans	deutscher Literaturwissenschaftler	*1907 »Außenseiter«
	Louis B.	amerikanischer Schauspieler russischer Herkunft	*1885 Mit-Gründer von Metro-Goldwyn-Mayer
	Oscar	amerikanischer Wurstfabrikant (»Wieners«) deutscher Herkunft	*1859 heutiger Eigentümer: Kraft Foods
Mayr	F.X.	österreichischer Diätarzt	*1875
Meier	Richard	amerikanischer Architekt	*1934 Getty Center / Los Angeles
	Dieter	schweizer Musiker (Yello)	*1945
Meir	Golda	israelische Politikerin	*1898 Yom-Kippur-Krieg
	Gerhard	deutscher Prominentenfriseur	*1955 »Der Salon« (Roman)
Meijer	Erik	niederländischer Fußballer	* 1969 u.a. bei Bayer Leverkusen und dem Hamburger SV; 2003/04 Alemannia Aachen
Meyer	Russ	amerikanischer Regisseur	*1922 »Supervixens«
	Conrad Ferdinand	schweizer Schriftsteller	*1825 »Novellen«
	Joseph	deutscher Verleger	*1796 Begründer von »Meyers Conversations-Lexikon« (ab 1839)
	Laurenz	CDU-Politiker	*1948 CDU-Generalsekretär
Myers	Mike	australischer Schauspieler	*1963 »Austin Powers / Goldständer«

Morsecode

a	b	c	d	e	f	g	h	i	j
•_	_•••	_•_•	_••	•	••_•	__•	••••	••	•___
Anton*	Bohnen-suppe	Closett-rolle	Drogerie	Eis	Fenster-bogen	Groß-onkel	Haus-besitzer	Insel	Jagdmo-torboot
k	l	m	n	o	p	q	r	s	t
_•_	•_••	__	_•	___	•__•	__•_	•_•	•••	_
Kloster-hof	Limonade	Motor	Notar	Oh Otto	Per Motorrad	Quoldor-fer Forst	Revolver	Sause-wind	Ton
u	v	w	x	y	z	SOS	KA	AR	SK
••_	•••_	•__	_••_	_•__	__••	•••___•••	(Spruch-anfang)	(Spruch-ende)	(Verkehrs ende)
Uniform	Verbren-nungs-stoff	Wind-motor	Xohimil-ko	Yoshimo-to	Zoroaster		_•_•_	•_•_•	•••_•_
0	1	2	3	4	5	6	7	8	9
_____	•____	••___	•••__	••••_	•••••	_••••	__•••	___••	____•

* Diese Begriffe machen es leichter, sich den Code einzuprägen: Jede Silbe steht für ein Signal. Jene, die ein »o« enthalten, stehen für einen Strich, alle anderen für einen Punkt

Ein . steht für ein kurzes Zeichen (gesprochen »dit«) / ein _ steht für ein langes Zeichen (»dah«), das dreimal so lange ist wie ein »dit«

Der Morsecode dient der Übertragung von Buchstaben und Ziffern, indem ein konstantes Signal aus- und eingeschaltet wird (indem man beispielsweise das Licht einer Lampe in bestimmten Abständen verdeckt). Der Code wurde bis in die 90er Jahre des 20. Jahrhunderts im Funkverkehr von Schiffen eingesetzt. Eine prominente Rolle spielte der Morsecode in dem Spielfilm »Independence Day « (1996), als den Menschen im Kampf gegen die Invasion hochintelligenter Außerirdischer als einziges Verständigungsmittel nurmehr der Morsecode bleibt, um ihren Widerstand zu organisieren, weil der Code so archaisch ist. Versierten Benutzern des Morsecodes ist es möglich, bis zu 300 Signale pro Minute zu geben bzw. zu verstehen.
Um eine Botschaft mit Hilfe des Morsecodes zu übermitteln, buchstabiert man seine Nachrichten durch. Zwischen jedem Symbol läßt man eine Pause von einem »dit«, zwischen den einzelnen Buchstaben eines Wortes eine Pause von einem »dah« und zwischen den einzelnen Wörtern eine Pause von sieben »dit«.
SOS hört sich also folgendermaßen an: DiDiDit DaDaDah DiDiDit

Einige Namen aus dem Herrn der Ringe im Original und in deutscher Übertragung

Baggins	Beutlin
Black Riders	Schwarze Reiter
Dark Lord	Dunkler Herrscher
Elves	Elb / Elben
Grey Havens	Graue Antfurten
Halflings	Halblinge
Helm's Deep	Helms Klamm
Hobbiton	Hobbingen
Middle-Earth	Mittelerde
Mount Doom	Schicksalsberg
My Precious	Mein Schatz
Oliphaunt	Olifant
Orc	Ork
Ringbearer	Ringträger
Ringwraiths	Ringgeister
Rivendell	Bruchtal
Samwise Gamgee	Samweis Gamdschie
Strider	Streicher
The Shire	Auenland
Peregrin Took	Peregrin Tuk
Treebeard	Baumbart

Der klassische Fünfkampf

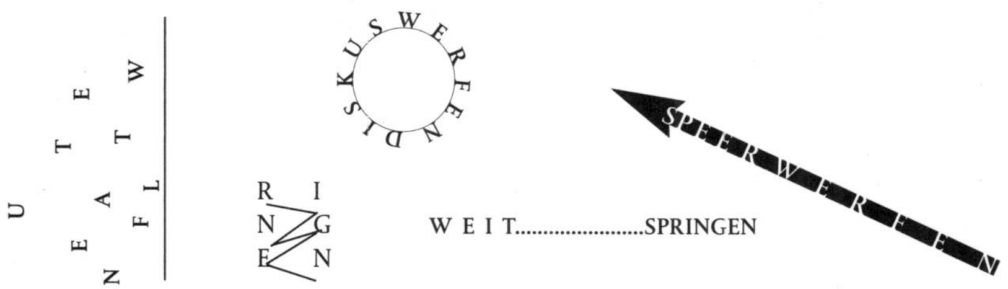

Der Fünfkampf stand im Zentrum der klassischen Olympischen Spiele (776 v. Chr. bis 394 n. Chr.); die einzelnen Disziplinen fanden in dieser Reihenfolge statt (von links nach rechts).

Die deutsche Nationalhymne

Einigkeit und Recht und Freiheit
Für das deutsche Vaterland!
Danach laßt uns alle streben,
Brüderlich mit Herz und Hand!
Einigkeit und Recht und Freiheit
Sind des Glückes Unterpfand:
Blüh im Glanze dieses Glückes,
Blühe, deutsches Vaterland!

Komponist: Franz Josef Haydn (1732–1809)
Text: August Heinrich Hoffmann von Fallersleben (1798–1874)

Die aktuelle deutsche Nationalhymne ist die dritte Strophe des Deutschlandliedes – neuerlich festgelegt durch den Schriftwechsel vom 19. bzw. 23. August 1991 zwischen Bundeskanzler Helmut Kohl und Bundespräsident Richard von Weizsäcker (veröffentlicht im Bulletin des Presse- und Informationsamtes der Bundesregierung Nr. 89/1991 vom 27. August 1991).
Die heute mehr als mißverständliche und von der politischen Rechten instrumentalisierte 1. Strophe des Deutschlandlieds lautet:

Deutschland, Deutschland über alles,
Über alles in der Welt,
Wenn es stets zu Schutz und Trutze
Brüderlich zusammenhält,
Von der Maas bis an die Memel,
Von der Etsch bis an den Belt -
Deutschland, Deutschland über alles,
Über alles in der Welt.

Die Melodie, die dem Deutschlandlied zugrundeliegt, wurde von Franz Josef Haydn ursprünglich für die österreichische Kaiserhymne komponiert. Ihr Titel: »Gott erhalte Franz den Kaiser«.

Wem gehört eine Parklücke?

»An einer Parklücke hat Vorrang, wer sie zuerst unmittelbar erreicht; der Vorrang bleibt erhalten, wenn der Berechtigte an der Parklücke vorbeifährt, um rückwärts einzuparken oder wenn er sonst zusätzliche Fahrbewegungen ausführt, um in die Parklücke einzufahren. Satz 1 gilt entsprechend für Fahrzeugführer, die an einer freiwerdenden Parklücke warten.«
(§ 12, Abs (5), StVO - Straßenverkehrs-Ordnung vom 16. November 1970, zuletzt geändert am 01. September 2002)

Orte ähnlicher geographischer Länge und Breite

12-14° östlicher Länge
MALMÖ · BERLIN · SALZBURG · ROM · TRIPOLIS · LUANDA

52-54° nördlicher Breite
EDMONTON · DUBLIN · HAMBURG · BERLIN · WARSCHAU · MINSK · SAMARA · IRKUTSK

Immer wieder überraschend ist für viele übrigens, daß folgende Städte auf demselben Breitengrad liegen:
LONDON und DÜSSELDORF (beide auf dem 51.), MARSEILLE und WLADIWOSTOK (beide auf dem 43.), NEW YORK und NEAPEL (beide auf dem 40.).

Der 1. Spieltag der 1. Bundesliga-Saison

Am Samstag, dem 24. August 1963, um 15.30 Uhr fanden in der Bundesrepublik Deutschland die ersten Spiele der neuen Bundesliga statt, damals noch mit 16 Mannschaften. Die Begegnungen und ihre Ergebnisse:

Werder Bremen - Borussia Dortmund	3:2	(1:1)
Hertha BSC Berlin - 1. FC Nürnberg	1:1	(0:1)
Preußen Münster - Hamburger SV	1:1	(0:0)
Eintracht Frankfurt - 1. FC Kaiserslautern	1:1	(1:1)
Karlsruher SC - Meidericher SV	1:4	(0:3)
1. FC Saarbrücken - 1. FC Köln	0:2	(0:2)
TSV 1860 München - Eintracht Braunschweig	1:1	(1:0)
Schalke 04 - VfB Stuttgart	2:0	(2:0)

Fantastische Abkürzungen

Im Jahr 1999 veröffentlichte die deutsche Band »Die Fantastischen Vier« ihren Song »Mit freundlichen Grüßen«, der im wesentlichen aus Abkürzungen besteht.

ARD Arbeitsgemeinschaft der öffentlich-rechtlichen Rundfunkanstalten der Bundesrepublik Deuts

nehmen **BRD** Bundesrepubik Deutschland **DDR** Deutsche Demokratische Republik **USA** Unit

ciency Virus *Immunschwächevirus* **DRK** Deutsches Rotes Kreuz **GbR** Gesellschaft des bürgerlichen

Surround-Technik, benannt nach dem Technikchef der Firma Lucasfilm, Anspielung auf den Film THX 1138, den e

Freiwillige Selbst-Kontrolle *Kontrollgremium der Filmwirtschaft* **RAF**

mid *Halluzinogene Droge* **FKK** Freikörperkultur *Nudistenbewegung*

werk **KKK** Ku Klux Klan *rechtsradikale Bewegung in den USA* **RHP**

USW und so weiter **LMAA** Leck mich am Arsch **PLZ** Postleit-

ketdienst **BMX** Bicycle Motocross *Fahrradhersteller* **BPM** Beats

tric and Musical Industries *Plattenfirma* **CBS** Columbia Broadca-

Music Group **ADAC** Allgemeiner Deutscher Automobil Club

zentrum **RTL** Radio Television Luxemburg **DFB** Deutscher Fuß-

Autoräder beim Bremsen **TÜV** Technischer Überwachungs-Verein

de **ICE** Intercityexpresszug **Eschede** Niedersächsischer Ort *Be-*

PVC Polyvinylchlorid *Kunststoff* **FCKW** Fluorchlorkohlenwasser-

Ohrenarzt **EKG** Elektrokardiogramm (Herzstromkurve) /

kenkasse **LBS** Landesbausparkasse **WKD** Wirtschaftskontroll-

UKW Ultrakurzwelle **NDW** Neue deutsche Welle *Musikstil der*

Hier sollte eigentlich der Text des Songs »Mit freundlichen Grüßen« der Fantastischen Vier stehen.

LTU Lufttransport Unternehmen GmbH *Fluglinie* **TNT** Trinitrotoluol *Sprengstoff* **IRA** Irisch-Rep

DPA Deutsche Presse-Agentur **H&M** Hennes und Mauritz *Bekleidungsunternehmen* **BSB** Backstre

Deutschlands **FDJ** Freie Deutsche Jugend **KDW** Kaufhaus des Westens *Berliner Kaufhaus* **FAZ**

Partei (Deutschlands) / Freisinnig-Demokratische Partei (der Schweiz) **EDV** elektronische Datenver

ger Sportverein *Fußballverein* **VfB** Verein für Bewegungsspiele *z.B. der Fußballclub VfB Stuttgart* **ABC**

sche Freundschaft *Band der NDW* **OMD** Orchestral Manoeuvres in the Dark *britische Band* **TM3** Te

Erfahrung gut **TUI** Touristik Union International *Reiseunternehmen* **UVA** und viele(s) andere / Ultra

von 320 nm bis 290 nm **THC** Tetra-Hydro-Cannabinol *Wirkstoff von Haschisch* **OCB** Odet Cascade

ZDF Zweites Deutsches Fernsehen   C&A Clemens und August (Brenninkmeijer) *Bekleidungsunter-*
›f America   BSE Bovine spongiforme Enzephalopathie *Rinderkrankheit*   HIV Human Immunodefi-
GmbH Gesellschaft mit beschränkter Haftung   THX Tomlinson Holman's Experiment *Gütesiegel der*
m, bei dem George Lucas Regie führte   VHS Volkshochschule / Video Home System *Videostandard*   FSK
Rote-Armee-Fraktion / Royal Air Force   LSD Lysergsäurediäthyla-
DVU Deutsche Volksunion *rechtsradikale Partei*   AKW Atomkraft-
Rödelheim Hartreim Projekt *deutsche Band / Rhesusfaktor positiv*
zahl   UPS United Parcel Service *Paketdienst*   DPD Deutscher Pa-
per Minute *Viertelnoten pro Minute*   XTC Ecstasy *Droge*   EMI Elec-
sting System *Plattenlabel der Fantastischen Vier*   BMG Bertelsmann
DLRG Deutsche Lebens-Rettungs-Gesellschaft   EKZ Einkaufs-
ball-Bund   ABS Antiblockiersystem *verhindert das Blockieren der*
BMW Bayerische Motoren Werke AG   km/h Kilometer pro Stun-
kanntgeworden durch das schwere ICE-Unglück (99 Tote) am 3. Juni 1998
stoff *Treibgas*   MfG Mit freundlichen Grüßen   HNO Hals-Nasen-
Evangelisches Kirchengesangsbuch   AOK Allgemeine Ortskran-
dienst *Fachdienst der Polizei*   IHK Industrie- und Handelskammer
80er Jahre   BTM Betäubungsmittel   BKA Bundeskriminalamt

Der Nichtabdruck erfolgt mit freundlicher Genehmigung der Fa. EMI. Interessierte können sich den Text aber im Internet leicht und kostenfrei ansehen. Mit »BRD, DDR und USA« erzielt man bei Google beispielsweise 458 Treffer.

he Armee   N-TV Nachrichten-Television *deutscher Ableger von CNN*   THW Technisches Hilfswerk
FDH Friß die Hälfte *Diätregel*   SOS *International üblicher Notruf*   SED Sozialistische Einheitspartei
er Allgemeine Zeitung   BWL Betriebswirtschaftslehre *Studienrichtung*   FDP Freie Demokratische
IBM International Business Machines *Computerhersteller*   WWW world wide web   HSV Hambur-
Broadcasting Company / britische Popband   DAF Deutsch als Fremdsprache / Deutsch Amerikani-
n 3   A&O Alpha und Omega *Supermarktkette*   AEG Allgemeine Elektrizitätsgesellschaft *Slogan: Aus*
icht mit einer Wellenlänge von 400 nm bis 320 nm   UVB Ultraviolettes Licht mit einer Wellenlänge
Zigarettenpapier

Numerische Redewendungen von 1 bis 1 Phantastilliarde

EINE Schwalbe macht noch keinen Sommer.
Wenn ZWEI sich streiten, freut sich der DRITTE.
Alle VIERE von sich strecken.
Das FÜNFTE Rad am Wagen sein.
Wo SECHS essen, spürt man den SIEBENTEN nicht.
Jemanden ACHTkantig hinauswerfen!
Eine Katze hat NEUN Leben.
Sich alle ZEHN Finger danach lecken.
ELF Freunde sollt ihr sein.
Das DUTZEND voll machen.
Jetzt schlägt es aber DREIZEHN.
Das ist aber eine Nullacht-FÜNFZEHN-Lösung!
Das ist ein falscher FÜNFZIGER.
Vom HUNDERTSTEN ins TAUSENDSTE kommen.
Nicht um eine MILLION!

Hilfe, man raubt mir meine PHANTASTILLIARDEN! (Dagobert Duck)

Der Schallpegel

0 dB*	RUHE	Hörschwelle
10	↓	Atem
20		Uhrticken, Blätterrauschen
30		Flüstern
40		leise Unterhaltung, ruhige Wohnstraße
50		normale Unterhaltung
60	LÄSTIGER LÄRM	Bürogeräusche, Telephon
70	↓	laute Sprache, PKW in zehn Meter Entfernung
80		lauter Straßenverkehr, lautes Schreien
90		Motorrad, Blasmusikprobe im Schulzimmer
100	SCHÄDLICHER LÄRM	Preßluftbohrer in der Nähe, Walkman mit Kopfhörer
110	↓	Knallkörper, Rockkonzert
120		Düsentriebwerk in 10 Meter Abstand
130		Schmerzgrenze, Explosion in der Nähe

* Dezibel (logarithmische Tabelle): Der Schritt von 50 zu 60 dB bedeutet eine Verdoppelung der subjektiv empfundenen Lautstärke.

Die apokalyptischen Reiter

Der Krieg
weißes Pferd
»Und ich sah, und siehe, ein weißes Pferd.
Und der darauf saß, hatte einen Bogen, und ihm wurde eine Krone gegeben,
*und er zog aus sieghaft und um zu siegen.«**

Das Gemetzel
feuerrotes Pferd
»Und es kam heraus ein zweites Pferd, das war feuerrot.
Und dem, der darauf saß, wurde Macht gegeben, den Frieden von der Erde zu nehmen,
daß sie sich untereinander umbrächten,
*und ihm wurde ein großes Schwert gegeben.«**

Der Hunger
schwarzes Pferd
»Und ich sah, und siehe, ein schwarzes Pferd.
Und der darauf saß, hatte eine Waage in seiner Hand.
Und ich hörte eine Stimme mitten unter den vier Gestalten sagen:
Ein Maß Weizen für einen Silbergroschen und drei Maß Gerste für einen Silbergroschen;
*aber dem Öl und Wein tu keinen Schaden!«**

Der Tod
fahles Pferd
»Und ich sah, und siehe, ein fahles Pferd.
Und der darauf saß, dessen Name war: Der Tod, und die Hölle folgte ihm nach.
Und ihnen wurde Macht gegeben über den vierten Teil der Erde, zu töten mit Schwert
*und Hunger und Pest und durch die wilden Tiere auf Erden.«**

* Die Offenbarung des Johannes, 6. Kapitel

Schwer erreichbare Orte

Schlaraffenland – Nirgendwo* – Wolkenkuckucksheim – Entenhausen – Schlumpfhausen – Mittelerde – El Dorado – Atlantis – Olymp – Wunderland ** – Neverland*** – Hundertsechzig-Morgen-Wald**** – Misnopotamien***** – Paradies – Nirvana

* Christian Anders: »Es fährt ein Zug nach N:« **Hinter den Spiegeln der Alice im Wunderland *** Peter Pan / Michael Jackson **** Pu der Bär ***** Hinter Utopia gelegen, hier wohnen die Schildbürger

Die Richter- und Mercalli-Skala zur Bestimmung der Stärke von Erdbeben

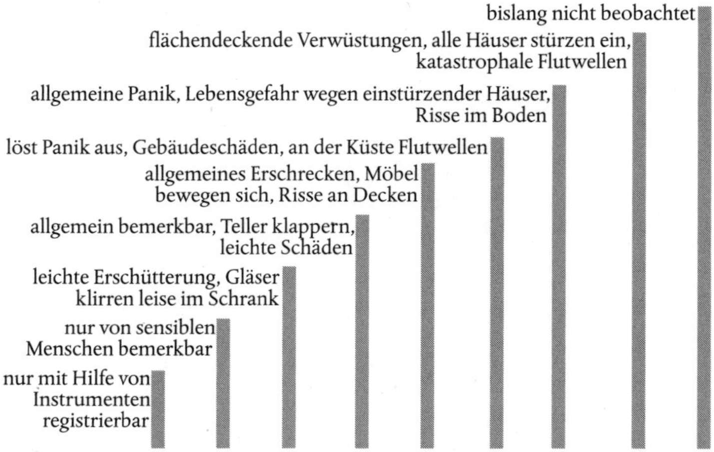

Richterskala	**0-1,9**	**2-2,9**	**3-3,9**	**4-4,9**	**5-5,9**	**6-6,9**	**7-7,9**	**8-8,6**	**8,6-9,0**
Mercalliskala	I	II	III	IV-V	VI	VII-IX	X-XI	XII	

Maße des Seewesens

Was gemessen wird	**Maßeinheit**	**entspricht**	**Anmerkungen**
Entfernungen	Seemeile	1852 m	60. Teil eines Grades auf dem größten Kreis der Erdoberfläche
Wassertiefe	Faden	1,852 m	1/1000 Seemeile
Geschwindigkeit	Knoten	Seemeilen pro Stunde	
Fahrstrecke	Etmal	Seemeilen in 24 Stunden	beginnend um 12:00 Uhr und endend anderntags um 12:00 Uhr
Raumgehalt	Registertonnen	2,83 m^3	der Begriff »Tonne« bezeichnet nicht das Gewicht, sondern stammt aus dem Mittelalter, als die Ladefähigkeit eines Schiffs durch die Zahl von ladbaren Fracht-Tonnen (Behältern) gemessen wurde .

Die fünf beliebtesten Coverpersönlichkeiten des SPIEGEL in der Gegenwart

1. Gerhard Schröder
2. Adolf Hitler
3. Helmut Kohl
4. Georg W. Bush
5. Angela Merkel

(erhoben für die Ausgaben 01/1994 bis 02/08)

Sätze für Sprechübungen

Im Standardwerk der »Kunst des Sprechens«, dem »kleinen Hey«, finden sich unter anderem folgende Sprechübungen (die allesamt eine gewisse Rätselhaftigkeit ausstrahlen, der Stimmbildung jedoch höchst zuträglich sind):

Für den Vokal A

Barbara saß nah am Abhang,
Sprach gar sangbar – zaghaft langsam;
Mannhaft kam alsdann am Waldrand
Abraham a Sancta Clara!

Für die Vokale Ä, E mit dem Anschluß des CH

Verächtlich schlecht der Knecht sich rächte:
Der nächtlich nächst dem Pächter zechte.

Für den Vokal O

Trostarm kommt am Sonntag Dora;
Klopft dann froh, da Wolfgang fort war.
Doch was log – bald schroff, bald wortkarg –
Flora sorgsam, doch gar boshaft? –
»Wolfgang floh zwar, doch war todkrank!«

Für die Klinger: L

Lang lauschte Lilli – endlich lieblos lächelnd
Lallt sie leise:
»Lautlos Lallas, log dein Loblied! –
Lebe, liebe, leidlich löblich!
Lisple, lieblich, Liebeslallen;
Lächeln ließ mich längst solch Liebleids Langweil!«

Für Anlautverbindungen von rt

Fort, dort vom Ort –
Betörte, hört ...!
Der harten Fahrt
Erschwerte Art,
Führt Kurt's Gefährt
Vor Siegwarts Schwert!
Zerstört der Herd,
Geschürt der Mord.
Schwirrt rauh der Nord,
Der's Mark verzehrt.

Einige historische europäische Stück- und Zählmaße

Grostausend	= 10 Groshundert	= 1200 Stück
kleines Gros	= 12 Dutzend	= 144 Stück
großes Gros	= 12 kleine Gros	= 1728 Stück
Groshundert		= 120 Stück
Schock	= 4 Mandel	= 60 Stück
Mandel		= 15 Stück
Bauernmandel		= 16 Stück
Dutzend		= 12 Stück
engl. großes Dutzend		= 15 Stück

Stimmlagen des Menschen

SOPRAN - MEZZOSOPRAN - ALT
TENOR - BARITON - BASS

Die internationalen Boxverbände

<table>
<tr><td rowspan="3">World</td><td rowspan="4">Boxing</td><td>Association</td><td rowspan="3">W</td><td rowspan="4">B</td><td>A</td></tr>
<tr><td>Council</td><td>C</td></tr>
<tr><td>Organisation</td><td>O</td></tr>
<tr><td>International</td><td>Federation</td><td>I</td><td>F</td></tr>
</table>

Es gibt eine Unzahl internationaler Boxverbänden und ebenso viele Weltmeister. Als die drei wichtigsten werden regelmäßig WBA, WBC und IBF genannt; viele zählen auch noch die WBO dazu.

Die Tierkreiszeichen und ihre Regenten

FRÜHLING	21. März – 20. April	*Widder*	*Aries*	♈	Mars	F
	21. April – 20. Mai	*Stier*	*Taurus*	♉	Venus	E
	21. Mai – 21. Juni	*Zwillinge*	*Gemini*	♊	Merkur	L
SOMMER	22. Juni – 22. Juli	*Krebs*	*Cancer*	♋	Mond	W
	23. Juli – 23. August	*Löwe*	*Leo*	♌	Sonne	F
	24. August – 23. September	*Jungfrau*	*Virgo*	♍	Merkur	E
HERBST	24. September – 23. Oktober	*Waage*	*Libra*	♎	Venus	L
	24. Oktober – 22. November	*Skorpion*	*Scorpius*	♏	Mars/Pluto	W
	23. November – 21. Dezember	*Schütze*	*Sagittarius*	♐	Jupiter	F
WINTER	22. Dezember – 20. Januar	*Steinbock*	*Capricornus*	♑	Saturn	E
	21. Januar – 19. Februar	*Wassermann*	*Aquarius*	♒	Uranus	L
	20. Februar – 20. März	*Fische*	*Pisces*	♓	Neptun	W

Die genauen Daten variieren von Jahr zu Jahr.
E = Erde · F = Feuer · L = Luft · W = Wasser

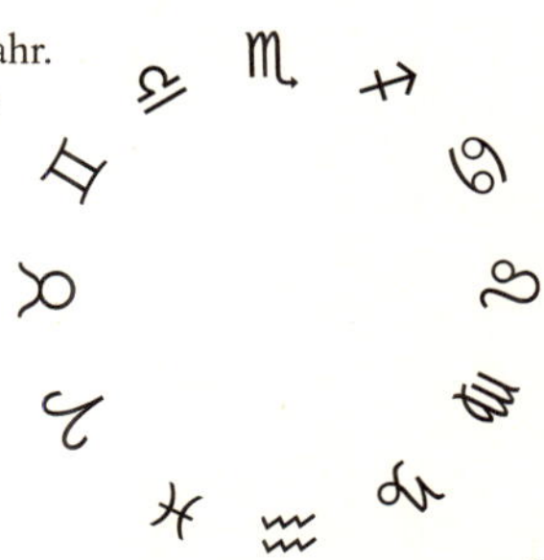

Die deutschen Eichaufsichtsbehörden

Um sicherzustellen, daß Kaufleute ihre Waagen nicht nach eigenem Gutdünken einstellen, gibt es staatliche Institutionen. Sie heißen Eichbehörden, und jedes Bundesland unterhält eine. Von ihnen geeichte Messgeräte werden mit dem Eichzeichen versehen. Es enthält: den Buchstaben »D«, die Ordnungszahl der zuständigen Eichaufsichtsbehörde, einen sechsstrahligen Stern bzw. die Ordnungsnummer des zuständigen Eichamts.

Die Ordnungszahlen der jeweiligen Eichaufsichtsbehörden lauten:

1 …	Berlin	12 …	Sachsen
2 …	Brandenburg	13 …	Saarland
4 …	Rheinland-Pfalz	14 …	Mecklenburg-Vorpommern
6 …	Sachsen-Anhalt	15 …	Thüringen
7 …	Schleswig-Holstein	19 …	Bremen
8 …	Niedersachsen	20 …	Hamburg
10 …	Hessen	22 …	Baden-Württemberg
11 …	Nordrhein-Westfalen	23 …	Bayern

Zwei historische Aufstellungen der bundesdeutschen Fußball-Nationalelf

In folgender Besetzung gewann die Deutsche Nationalmannschaft am 4. Juli 1954 in Bern das Endspiel zur Fußball-WM gegen Ungarn 3:2 (2:2). Und ebnete Deutschland damit, so will es der Mythos, die Rückkehr in die westliche Gesellschaft.

In folgender Besetzung gewann die Deutsche Nationalmannschaft am 25. Juni 1982 in Gijon das Vorrundenspiel zur Fußball-WM gegen Österreich 1:0 (1:0). Das Spiel ging in die Geschichte ein, weil die Spieler – kaum war das für beide Seiten zum Weiterkommen nötige Ergebnis erreicht – den Ball nur noch auf dem Feld herumschoben, ohne ernsthafte Spielzüge zu unternehmen.

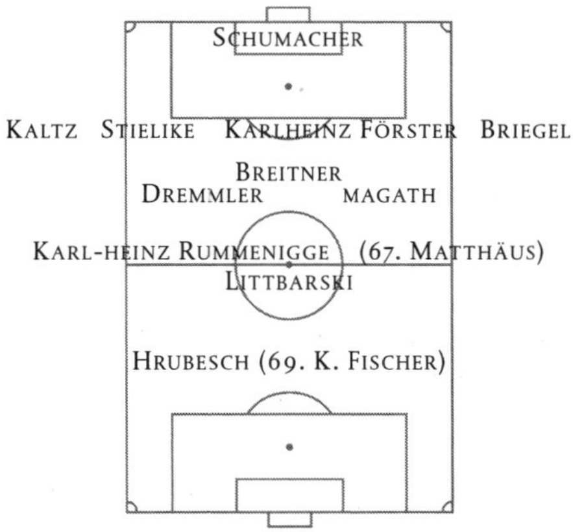

Österreich spielte (nicht) mit:

Die Instrumentengruppen eines Sinfonieorchesters

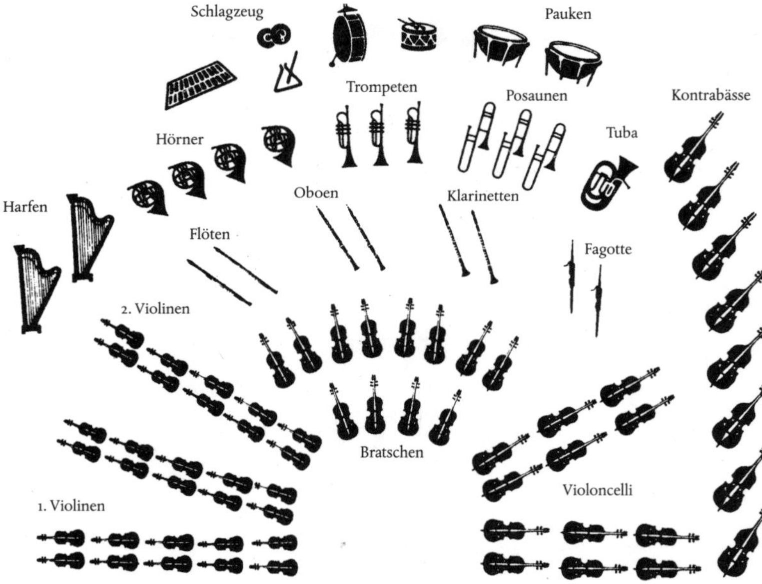

Dinge, die die TV-Quoten sinken lassen

Nach Auskunft erfahrener Fernsehschaffender gibt es einige Gegenstände, die augenblicklich dazu führen, daß die Zuschauer das Programm wechseln. Die Einschätzungen sind selbstverständlich subjektiv; hier jene vier Settings, die als gesichert gelten können:

Klassische Musikinstrumente (vor allem Streichinstrumente in jeder Form)
Menschen vor Bücherregalen
Menschen hinter Schreibtischen
Zeitgenössische Kunst an der Wand

Der gesetzlich vorgeschriebene Inhalt eines Auto-Verbandskastens

Anzahl	Bezeichnung		Maße	
8	Wundschnellverbände	DIN 13019-E	10 x 6 cm	ap*
6	Kompressen		10 x 10 cm	ap
4	Einmalhandschuhe	DIN EN 455		
3	Verbandpäckchen	DIN 13151-M		ap
3	Mullbinden	DIN 61631-MB-8	8 x 400 cm	
2	Verbandtücher für Brandwunden	DIN 13152-BR	40 x 60 cm	ap
2	Mullbinden	DIN 61631-MB-6	6 x 400 cm	
2	Dreiecktücher	DIN 13168-D		
1	Verbandtuch	DIN 13152-A	60 x 80 cm	ap
1	Verbandpäckchen	DIN 13151-G		ap
1	Schere	DIN 58279 A 145		
1	Rettungsdecke		210 x 160 cm	
1	Heftpflaster	DIN 13019-A	5 x 2,5 cm	
1	Erste-Hilfe-Broschüre			

*ap = austauschpflichtig (müssen regelmäßig erneuert werden)

Trinkwasserverbrauch

Dafür verbrauchen private deutsche Haushalte ihr Wasser:

Toilette	**32 %**	**Sonstiges**	**6 %**
Bad/Dusche	**30 %**	**Garten**	**4 %**
Wäsche	**12 %**	**Auto**	**2 %**
Geschirr	**6 %**	**Trinken/Kochen**	**2 %**
Körperpflege	**6 %**		

Jeder Deutsche verbraucht im Durchschnitt 125 Liter Trinkwasser pro Tag.

Einige bekannte Persönlichkeiten mit den Initialen BB

each oys – éla artók – enjamin lümchen – ertolt recht – ibi locksberg – rigitte ardot – oris ecker – ernd egemann – lues rothers – ilbo eutlin – astian althasar ux – rendan ehan – jörn org

Ich habe fertig!

Am Dienstag, dem 10. März 1998, gab der damalige Trainer des FC Bayern München, Giovanni Trapattoni, im kleinen Presseraum des Clubs an der Säbener Straße eine Pressekonferenz. Dort hielt der Trainer – bekannt für sein zurückhaltendes und elegantes Auftreten – eine knapp dreiminütige Ansprache, voller Furor und mit sich überschlagender Stimme; notiert hatte er sie sich auf sechs handgeschriebenen Zetteln. Vorangegangen war diesem vollkommen unerwarteten Wutausbruch eine 0:1-Niederlage der Bayern gegen den FC Schalke 04 in Gelsenkirchen am Sonntag, dem 8. März 1998 sowie die Kritik seiner Spieler Thomas Strunz, Mehmet Scholl und Mario Basler an der Aufstellung der Mannschaft. Einige der Formulierungen der Rede sind längst Klassiker und in den Wortschatz vieler Menschen übergegangen (»Schwach wie eine Flasche leer«, »Ich habe fertig«, »Was erlauben Strunz?«).

Die Rede im Wortlaut:

Es gibt im Moment in diese Mannschaft, oh, einige Spieler vergessen ihnen Profi was sie sind. Ich lese nicht sehr viele Zeitungen, aber ich habe gehört viele Situationen:
1. Wir haben nicht offensiv gespielt. Es gibt keine deutsche Mannschaft spielt offensiv und die Namen offensiv wie Bayern. Letzte Spiel hatten wir in Platz drei Spitzen: Elber, Jancker und dann Zickler. Wir müssen nicht vergessen Zickler. Zickler ist eine Spitzen mehr Mehmet e mehr Basler. Ist klar diese Wörter, ist möglich verstehen, was ich hab' gesagt? Danke. Offensiv, offensiv ist wie machen in Platz.
2. Ich habe erklärt mit diese zwei Spieler: Nach Dortmund brauchen vielleicht Halbzeit Pause. Ich habe auch andere Mannschaften gesehen in Europa nach diese Mittwoch, ich habe gesehen auch zwei Tage de Training.
Ein Trainer ist nicht ein Idiot! Ein Trainer sehen, was passieren in Platz. In diese Spiel es waren zwei, drei oder vier Spieler, die waren schwach wie eine Flasche leer! Haben Sie gesehen Mittwoch, welche Mannschaft hat gespielt Mittwoch? Hat gespielt Mehmet, oder gespielt Basler, oder gespielt Trapattoni? Diese Spieler beklagen mehr als spielen!
Wissen Sie, warum die Italien-Mannschaften kaufen nicht diese Spieler? Weil wir haben gesehen viele Male solche Spiel. Haben gesagt, sind nicht Spieler für die italienische Meisters.
Strunz! Strunz ist zwei Jahre hier, hat gespielt zehn Spiele, ist immer verletzt. Was erlauben Strunz? Letzte Jahre Meister geworden mit Hamann eh Nerlinger. Diese Spieler waren Spieler und waren Meister geworden. Ist immer verletzt! Hat gespielt 25 Spiele in diese Mannschaft, in diese Verein! Muß respektieren die andere Kollegen! Haben viel nette Kollegen, stellen sie die Kollegen in Frage! Haben

keinen Mut an Worten, aber ich weiß, was denken über diese Spieler! Mussen zeigen jetzt, ich will, Samstag, diese Spieler müssen zeigen mich e seine Fans, müssen alleine die Spiel gewinnen. Muß allein die Spiel gewinnen. Ich bin müde jetzt Vater diese Spieler, eh, verteidige immer diese Spieler!! Ich habe immer die Schulde über diese Spieler. Einer ist Mario, einer, ein anderer ist Mehmet! Strunz dagegen, egal, hat nur gespielt 25 Prozent diese Spiel!

(Pause)

Ich habe fertig.

Die wichtigsten Versmaße

Das jambische Versmaß

Doppelfuß: Im Walde weht
Dreifüßig: Im Walde steht ein Haus
Vierfüßig: Des Abendsterns ersehnter Schein
Fünffüßig: Die Sonne spricht: versink ich auch in Nacht
Sechsfüßig: Wenn Sonnenlicht erlosch / tritt Sternenglanz hervor

Das daktylische Versmaß

Einfacher Versfuß: Selige
Zweifüßig: Löst mir in Eile (katalektisch-verkürzter Versfuß)
Freude des Sterblichen (akatalektisch-voller Versfuß)
Dreifüßig: Fröhliche, selige Kinder
Liebliche Mädchen beseliget
Vierfüßig: Winken dort liebliche, lachende Auen

Das anapästische Versmaß

Einfacher Versfuß: Die Gewalt
Zweifüßig: In der Nacht, wenn es stürmt
Dreifüßig: Alles flieht, läßt allein mich zurück
Vierfüßig: Im Gebüsch hingestreckt, späht er rings nach dem Feind

Das trochäische Versmaß

Doppelfuß: Was ich tue
Dreifüßig: O wie schwül und bang
Vierfüßig: Dein gedenkend irr ich einsam
Fünffüßig: Schweigend in der Abenddämmrung Schleier
Sechsfüßig: Auf zum Himmel sich zu schwingen in der Nacht

(Lt. dem »Kleinen Hey«, dem Standardwerk der »Kunst des Sprechens«).

Einige Tierspuren

Die sieben klassischen Weltwunder

Der Artemis-Tempel	Ephesos	*zerstört*
Die Cheops-Pyramide	Gizeh	*erhalten*
Die hängenden Gärten der Semiramis	Babylon	*zerstört*
Der Koloss	Rhodos	*zerstört*
Der Leuchtturm (Pharos)	Alexandria	*zerstört*
Das Mausoleum des König Mausolos II	Halikarnassos	*zerstört*
Die Zeus-Statue	Olympia	*zerstört*

Die Weltbevölkerung, akkumuliert

Rechnet man alle Menschen zusammen, die jemals auf der Erde gelebt haben, ergibt sich eine Summe von

110 MILLIARDEN

Aktuell sind es rund 6,7 Milliarden. Nicht mitgerechnet wurden all jene Wesen, die eher den Affen zuzurechnen sind.

Englische Redewendungen und ihre deutschen Pendants

Alle Eier in einen Korb tun.	Alles auf eine Karte setzen.	To put all one's eggs in one basket.
Aus der Bratpfanne ins Feuer springen.	Vom Regen in die Traufe kommen.	To jump out of the frying-pan into the fire.
Aus einem Maulwurfshügel einen Berg machen.	Aus einer Mücke einen Elefanten machen.	To make a mountain out of a mole-hill.
Aussehen, als würde einem die Butter im Mund nicht schmelzen.	Aussehen, als könnte man kein Wässerchen trüben.	To look as if butter wouldn't melt in one's mouth.
Da ist eine Fliege in der Salbe.	Da ist ein Haar in der Suppe.	There is a fly in the ointment.
Das ist alles Griechisch für mich.	Das sind böhmische Dörfer für mich.	It's all Greek to me.
Das ist ein anderer Topf voller Fische.	Das steht auf einem anderen Blatt.	That's a different kettle of fish.
Den falschen Baum anbellen.	Auf dem Holzweg sein.	To be barking up the wrong tree.
Du hättest mich mit einer Feder niederschlagen können.	Ich bin aus allen Wolken gefallen.	You could have knocked me down with a feather.
Es regnet Katzen und Hunde.	Es gießt wie aus Eimern / es regnet Bindfäden.	It's raining cats and dogs.
Das kenne ich wie den Rücken meiner eigenen Hand.	Das kenne ich wie meine eigene Westentasche.	To know something like the back of one's hand.
Fürs vollständige Picknick fehlt ein Sandwich.	Nicht alle Tassen im Schrank haben.	One sandwich short of a picnic.
Jemandem nicht die Kerze halten können.	Jemandem nicht das Wasser reichen können.	He can't hold a candle to someone.
Schlösser in Spanien bauen.	Luftschlösser bauen.	To build castles in Spain.
Seinen Finger in der Pastete haben.	Seine Hand im Spiel haben.	To have a finger in the pie.
So scharf wie Senf auf etwas sein.	Feuer und Flamme für etwas sein.	To be as keen as mustard about something.
Zwei Vögel mit einem Stein töten.	Zwei Fliegen mit einer Klappe schlagen.	To kill two birds with one stone.

Angst vor der Zahl 13

Menschen, die angesichts der Zahl 13 übermäßige Angst empfinden, leiden unter

Triskaidekaphobie

Die Ringe der Herren

In J.R.R. Tolkiens Roman »Der Herr der Ringe« dreht sich alles um den einen Ring, den »Meister-Ring«, ehemals im Besitz von Sauron, der ihn mit allen Mitteln wiederzuerlangen versucht. Auf dem Ring befindet sich eine Gravur in elbischen Buchstaben, die über seine Macht Auskunft gibt: »Ein Ring, sie zu knechten, sie alle zu finden, ins Dunkel zu treiben und ewig zu binden«.

Ingesamt existieren 20 Ringe. Davon gehören:

den Elben	3	den Menschen	9
den Zwergen	7	und Sauron	1

Die Verteilung der Ringe und das an sie geknüpfte Schicksal wird in der deutschen Übersetzung von E.-M. von Freymann folgenderweise beschrieben:

Drei Ringe den Elbenkönigen hoch im Licht,
Sieben den Zwergenherrschern in ihren Hallen aus Stein,
Den Sterblichen, ewig dem Tode verfallen, neun,
Einer dem Dunklen Herrn auf dunklem Thron
Im Lande Mordor, wo die Schatten drohn.
Ein Ring, sie zu knechten, sie alle zu finden,
Ins Dunkel zu treiben und ewig zu binden
Im Lande Mordor, wo die Schatten drohn.

Bußgeld- und Punktekatalog in Sachen grüner Pfeil

Eines der wenigen Erbstücke der DDR ist der grüne Pfeil. Er ist an Ampeln montiert, weist nach rechts und signalisiert damit, daß man trotz Rot für die Geradeausfahrenden rechts abbiegen darf. Welcher besonderen Verfehlungen man sich dabei schuldig machen kann, zeigt der Bußgeld- und Punktekatalog der Straßenverkehrsordnung.

Tatbestand			Euro	Punkte
Beim Rechtsabbiegen mit Grünpfeil	vor dem Rechtsabbiegen	nicht angehalten	50	3
	den Fahrzeugverkehr der freigegebenen Verkehrsrichtungen, ausgenommen den Fahrradverkehr auf Radwegefurten	gefährdet	60	3
	den Fußgängerverkehr oder den Fahrradverkehr auf Radwegefurten der freigegebenen Verkehrsrichtungen	behindert	60	3
		gefährdet	75	3

Die Formen der Wolken

Wolken werden vor allem aufgrund ihrer Form klassifiziert. Sie ist abhängig von der Luftströmung, in der sich die Wolken bilden. So läßt z.B. aufsteigende Luft Cumuluswolken entstehen, eine horizontale Luftbewegung Schichtwolken.
Es gibt 10 Hauptarten von Wolken, die im wesentlichen in drei Gruppen zusammengefaßt werden, die sich aus ihrer Höhe ergeben. Nur der Cumulonimbus kann sich über alle Schichten türmen.

Höhe in Meter	Name		Niederschlag	ICAO-Abkürzung*
13.000 bis 5.000	Cirrus	Federwolken		CI
	Cirrocumulus	feine Schäfchenwolken		CC
	Cirrostratus	Schleierwolken		CS
7.000 bis 2.000	Altocumulus	grobe Schäfchenwolken		AC
	Altostratus	faserige Schichtwolken	R+	AS
	Nimbostratus	dunkle Regenwolken	R+	NS
unter 2.000	Stratocumulus	Schichthaufenwolken		SC
	Stratus	Schichtwolken		ST
	Cumulus	Haufenwolken		CU
bis 13.000	Cumulonimbus	Gewitterwolken	R	CB

R aus diesen Wolken fällt nennenswerter Niederschlag
R+ aus diesen Wolken fällt langanhaltender Niederschlag
* Abkürzung der Wolkenformen laut der International Civil Aviation Organization (ICAO)

Die Schlümpfe, international gesehen

De Smurfen (niederländisch)
Hupikék Törpinék (ungarisch)
I Puffi (italienisch)
Les Schtroumpfs (französisch; der Originalname)
Los Pitufos (spanisch)
Os Estrumpfes (portugiesisch)
Die Schlümpfe (deutsch)
Şirinler (türkisch)
Smerfy (polnisch)
Smølferne (dänisch)
Šmolkovia (slowakisch)
Šmoulové (tschechisch)
The Smurfs (englisch)

Erfunden wurden »Les Schtroumpfs« von Pierre Culliford alias Peyo im Jahr 1957. Den Namen erfand Peyo gemeinsam mit seinem Freund Franquin – ebenfalls ein berühmter Comiczeichner (»Spirou und Fantasio«) – während eines gemeinsamen Urlaubs. »Schtroumpf« bedeutet frei übersetzt so viel wie »Dingsbums«.

Zahlen und Daten unseres Körpers

Geschwindigkeiten	
Husten	900 km/h
Nervenimpuls vom Rückenmark an die Muskeln	430 km/h
Niesen	150 km/h
Ejakulation	16 km/h
Blut in den Adern	3,6 km/h
Speisebrei im Dickdarm	0,0036 hm/h
Speisebrei im Dünndarm	0,0024 km/h
Schleimtransport auf Flimmerhärchen der Nase	0,0006 km/h
Barthaar, Wachstum	0,5 Millimeter / Tag
Kopfhaar, Wachstum	0,35 Millimeter / Tag
Fingernägel Daumen, Wachstum	0,1 Millimeter / Tag
Längen	
Blutgefäße (Gesamtwachstum)	1.440 km
Bluthirnschranke (Hirnkapillare)	900 km
Kapillare, Gesamtlänge	240 km
Haar, Gesamtwachstum	10 km / Jahr
Nervenfasern auf 1 cm^2 Lederhaut	4 m
Adern in 1 cm^2 Lederhaut	1 m
Finger- & Fußnägel (Gesamtzuwachs)	50 cm / Jahr
Diverses	
Wasser, Ausscheidung über Schweißdrüsen	3 - 5 Liter / Tag
Haut, Gesamtfläche	1,5 - 2 m^2
Hautzellen, Verlust durch Reibung	57,6 Milliarden / Tag

Die römischen Ziffern

1	2	3	4	5	6	7	8	9	10
I	II	III	IV	V	VI	VII	VIII	IX	X
	20	30	40	50	60	70	80	90	100
	XX	XXX	XL	L	LX	LXX	LXXX	XC	C
	200	300	400	500	600	700	800	900	1.000
	CC	CCC	CD	D	DC	DCC	DCCC	CM	M
				5.000					10.000
			‾	V				‾	X
				50.000					100.000
			‾	L				‾	C
				500.000					1.000.000
			‾	D				‾	M

Die Grundbausteine der römischen Zahlen sind die sieben Ziffern I = 1, V = 5, X = 10, L = 50, C = 100, D = 500, M = 1000. Aus ihnen werden sämtliche Zahlen gebildet, von groß nach klein sortiert.
Eine Zahl ergibt sich, indem man die einzelnen Ziffern addiert. Steht hingegen eine kleinere vor einer größeren, wird sie abgezogen (so wird die 4 aus IV gebildet, also 5 minus 1). Es stehen maximal drei gleiche Ziffern nebeneinander. V, L und D können größeren Zahlen nicht vorangestellt werden (will man also 95 schreiben, so verwendet man XCV und nicht VC). Mit den sieben Ziffern und einem Querstrichsystem lassen sich auch Zahlen über 5000 bilden.

Adolph Freiherr Knigges Empfehlungen für den Umgang mit sich selber

1. Es ist nützlich und interessant, über den Umgang mit andern Menschen seine eigne Gesellschaft nicht zu vernachlässigen.
2. Es kommen Augenblicke, wo wir uns selbst am nötigsten sind.
3. Gehe ebenso vorsichtig, fein, redlich und gerecht mit Dir selber um, wie mit andern!
4. Sorge für Deine Gesundheit, aber verzärtle Dich nicht!
5. Respektiere Dich selbst, und habe Zuversicht zu Dir selber!
6. Verzweifle nicht bei dem Bewußtsein mangelnder Vollkommenheiten, bei den Schwierigkeiten, ein großer Mann zu werden!
7. Sei Dir ein angenehmer Gesellschafter!
8. Aber sei Dir auch kein Schmeichler, sondern ein aufrichtiger und gerechter Freund! Sei ebenso strenge gegen Dich, wie Du gegen andre bist!
9. Miß Dein Verdienst nach den Graden Deiner Fähigkeiten, Anlagen, Erziehung, und der Gelegenheit, die Du gehabt hast, weiser und besser zu werden, als viele!

Diese neun Punkte eines respektvollen Umgangs mit sich selber hat Adolph Freiherr Knigge in seinem bekannten Werk »Über den Umgang mit Menschen« aus dem Jahr 1788 formuliert. Es sind die Zwischenüberschriften im zweiten Kapitel des ersten Teils – ausgenommen Punkt 9, der aus dem Text zitiert.

Die Pädagogik des Struwwelpeter

In seinem Kinderbuch-Klassiker »Der Struwwelpeter« von 1845 zeigte der Arzt Dr. Heinrich Hoffmann, welche Strafen ungezogene Kinder zu gewärtigen haben. Eine Liste der kindlichen Vergehen und ihre Folgen – geordnet nach dem Grad der Eskalation.

Name	Vergehen	Folge
Philipp	zappelt bei Tisch	wird von Tischtuch, Geschirr und Speisen begraben
Hanns	guckt in die Luft	fällt in den Fluß und wird von 3 Fischen verspottet
Der wilde Jäger	will einen Hasen töten	wird vom Hasen mit seinem Gewehr verfolgt und zum Sprung in einen Brunnen genötigt
Ludwig, Kaspar und Wilhelm	machen rassistische Äußerungen	werden in ein Tintenfaß getaucht
Struwwelpeter	läßt ein Jahr weder Haare noch Nägel schneiden	wird öffentlich verspottet
Friedrich	schlägt Vögel tot, peitscht sein Gretchen	wird vom Hund gebissen
Robert	geht bei Regen und Sturm spazieren	wird vom Wind auf Nimmerwiedersehen weggeweht
Konrad	lutscht Daumen	ihm werden von einem Schneider beide Daumen abgeschnitten
Kaspar	ißt seine Suppe nicht	verhungert
Paulinchen	zündelt	verbrennt

Die Playlist von Peter Handke

	Interpret	Titel	Seite
1	Billie Holliday	-	13
2	Jelly Roll Morton	-	13
3	Louis Armstrong	-	14
4	Van Morrisson	-	33
5	Rolling Stones	Satisfaction	47
6	Jacques Brel	Ne me quitte pas	48
7	Guiseppe Verdi	Nabucco / Gefangenenchor	48
8	Guiseppe Verdi	Aida	48
9	Madonna	Like A Prayer	80
10	Paul Anka	Diana	83
11	Dion*	Sweet Little Sheila	83
12	Ricky Nelson	Gypsy Woman	83
13	Beatles	I want to hold your hand	89
14	Beatles	Love me do	89
15	Beatles	Roll over Beethoven	89
16	Beatles	I saw her standing there	89
17	Beatles	Things we said today	90
18	Creedence Clearwater Revival	-	96
19	John Fogerty	-	96
20	Bob Marley	Redemption	100
21	Jimi Hendrix	Hey Joe	101
22	Janis Joplin	Me and Bobby McGee	102
23	Cheikha Remitti	Sidi Mansour	110
24	Helen Schneider	Hot Summer Nites	112
25	Michelle Shocked	Anchorage	118

In seinem »Versuch über die Jukebox« aus dem Jahre 1990 beschreibt Peter Handke zweierlei: eine Reise durch Spanien und seine Erinnerungen an die Jukebox. Mit seinem Büchlein hatte er vor, »sich die Bedeutung dieses Dings in den verschiedenen Phasen seines nun schon lang nicht mehr jungen Lebens klarzumachen. Dabei hatte kaum einer von seinen Bekannten, die er in den letzten Monaten – als eine Art Marktforschungsspiel – danach gefragt hatte, mit dem Gerät etwas anzufangen gewußt.«

*Handke nennt »Dion« als Interpreten – gemeint war aber wahrscheinlich Tommy Roe

Sämtliche erlaubte Zusatzstoffe in Lebensmitteln nebst ihrer Nummern und Bezeichnungen

+ E 100 Kurkumin F / + E 101 Riboflavin F / E 101a Riboflavin-5-phosphat F / - E 102 Tartrazin F / - E 104 Chinolingelb F / + E 110 Gelborange S F/ + E 120 Coch
F / + E 124 Cochenillerot A F / -- E 127 Erythrosin F / E 128 Rot 2G F / - E 129 Allurarot AC F / + E 131 Patentblau V F / + E 132 Indigotin F / E 133 Brillantblau FC
ge Komplexe der Chlorophylle und Chlorophylline F / E 142 Grün S F / E 150a Zuckerkulör F / E 150b Sulfitlaugen-Zuckerkulör F / E 150c Ammoniak-Zuc
F / E 151 Brillantschwarz BN F / E 153 Pflanzenkohle F / E 154 Braun FK F / E 155 Braun HT F / E 160a Carotin F / E 160b Annatto F / E 160c Capsanthin F / E
(C30) F / E 160f Beta-apo-8'-Carotinsäure (C30) Ethylester F / E 161b Lutein F / E 161g Canthaxanthin F / E 162 Betanin F / E 163 Anthocyane F / E 170 Calciu
F / E 172 Eisenoxid F / E 173 Aluminium F / E 174 Silber F / E 175 Gold F / E 180 Litholrubin BK F / + E 200 Sorbinsäure KM / E 201 Natriumsorbat KM / + E
KM / -- E 210 Benzoesäure KM / -- E 211 Natriumbenzoat KM / -- E 212 Kaliumbenzoat KM / -- E 213 Calciumbenzoat KM / -- E 214 PHB-Ester KM / -- E 215
Propylester KM / -- E 217 PHB-Propylester Natriumsalz KM / -- E 218 PHB-Methylester KM / -- E 219 PHB-Methylester Natriumsalz KM / -- E 220 Schwefeldi
KM / ST / E 222 Natriumbisulfit AM / KM / ST / E 223 Natriumdisulfit AM / KM / ST / E 224 Kaliumsulfit AM / KM / ST / E 226 Calciumsulfit AM / KM / ST /
Kaliumbisulfit AM / KM / E 230 Biphenyl KM / E 231 Orthophenylphenol KM / E 232 Natriumorthophenylphenol KM / E 233 Thiabendazol KM / OBM / E
xamethylentetramin KM / E 242 Dimethyldicarbonat KM / E 249 Kaliumnitrit KM / ST / E 250 Natriumnitrit KM / ST / E 251 Natriumnitrat KM / ST / E 25
/ SM / + E 261 Kaliumacetat KM / SM / + E 262 Natriumacetat KM / SM / + E 263 Calciumacetat KM / SM / TS / + E 270 Milchsäure AM/ KM / SM / ST / E 280 P
/ E 282 Calciumpropionat KM / E 283 Kaliumpropionat KM / E 284 Borsäure KM / E 285 Borax KM / E 290 Kohlendioxid BT / KM / PG / + E 296 Apfelsäur
binsäure AM / MBM / SM / ST / - E 301 Natrium-L-Ascorbat AM / MBM / SM / + E 302 Calcium-L-Ascorbat AM / MBM / SM / + E 304 Ascorbylpalmitat AM
Tocopherol AM / + E 308 Gamma-Tocopherol AM / + E 309 Delta-Tocopherol AM / -- E 310 Propylgallat AM / -- E 311 Octylgallat AM / KM / -- E 312 Dodecy
binsäure AM / KB / - E 316 Natriumisoascorbat AM / KB / -- E 320 Butylhydroxyanisol AM / -- E 321 Butylhydroxytoluol AM / + E 322 Lecithin AM / EM
Natriumlactat GV / KM / SR / SCHS / + E 326 Kaliumlactat FM / GV / KM / SR / SCHS / + E 327 Calciumlactat FM / GV / KM / SR / SCHS / + E 330 Citronens
KB / SM / SCHS / TS / + E 332 Kaliumcitrat AM / KB / SM / SCHS / TS / + E 333 Calcumcitrat KB / SM / SCHS / + E 334 Weinsäure KB / SM / SR / ST / E 335 Na
SR / E 337 Natrium-Kaliumtartrat BT / SM / SR / E 338 Phosphorsäure EM / KM / PH / SM / SR / E 339 Natriumphosphat EM / KM / PH / SM / SR / E 340
E 341 Calciumphosphat EM / KM / PH / SM / SR / TM / TS / E 343 Magnesiumphosphat PH / E 350 Natriummalate SR / E 351 Kaliummalate SR / E 352 Calc
E 354 Calciumtartrat FM / SM / SR / E 355 Adipinsäure GV / SM / SR / E 356 Natriumadipat GV / SM / SR / E 357 Kaliumadipat GV / SM / SR / E 363 Bernstei
/ E 385 Calcium-Dinatrium-EDTA AM / KB / + E 400 Alginsäure GM / + E 401 Natriumalginat GM / + E 402 Kaliumalginat GM / + E 403 Ammoniumalginat
pylenglycolalginat EM / GM / TS / + E 406 Agar - Agar GM / TS / + E 407 Carrageen GM / TS / + E 410 Johannisbrotkernmehl GM / TS / - E 412 Guarkernm
Gummi arabicum FS / TS / + E 415 Xanthan GM / TS / E 416 Karaya GM / E 417 Tarakernmehl GM / E 418 Gellan GM / + E 420 Sorbit FHM / SUM / TS / +
FHM / FS / TS / E 425 Konjak TS / E 431 Polyoxyethylen (40) stearat EM / E 432 Polysorbat 20 EM / KB / SCHM / ST / TS / E 433 Polysorbat 80 EM / KB / S
SCHM / ST / TS / E 435 Polysorbat 60 EM / KB / SCHM / ST / TS / E 436 Polysorbat 65 EM / SCHM / ST / TS / + E 440a Pektin GM / TS / + E 440b Amidierte
EM / TS / - E 444 Saccharoseacetatisobutyrat ST / E 445 Glycerinester aus Wurzelharz ST / E 450 Diphosphate AM / BT / EM / KM / PH / SR / SCHS / E 4
SCHS / E 452 Polyphosphate AM / BT / EM / KM / PH / SR / SCHS / E 459 Beta-Cyclodextrin TS / E 460 Cellulose FS / TM / TS / E 461 Methylcellulose FS / S
SCHM / TS / E 464 Hydroxypropylmethylcellulose FS / SCHM / TS / E 465 Methylethylcellulose FS / SCHM / TS / E 466 Carboxymethylcellulose FS / SCHM
se TS / E 469 enzymatisch hydrolysierte Carboxymethylcellulose TS / + E 470a Natriumsalze der Speisefettsäuren EM / SCHM / TS / + E 470b Magnesium
TM / TS / + E 471 Mono- und Diglyceride von Speisefettsäuren EM/ MBM / SCHM / TS / + E 472a Essigsäureester von Mono-und Diglyceriden von Speisefetts
säureester von Mono-und Diglyceriden von Speisefettsäuren EM / MBM / SCHM / TS / + E 472c Citronensäureester von Mono- und Diglyceriden von Spei
Weinsäureester von Mono- und Diglyceride von Speisefettsäuren EM / MBM / SCHM / TS / + E 472e Mono- und Diacetylweinsäureester von Mono- und
SCHM / TS / + E 472f Gemischte Essig- und Weinsäureester von Mono- und Diglyceriden von Speisefettsäuren EM / MBM / SCHM / TS / + E 473 Zuckerester
Zuckerglyceride EM / SCHM / TS / + E 475 Polyglycerinester von Speisefettsäuren EM / TS / E 476 Polyglycerin-Polyricinoleat EM / E 477 Propylenglycolest
diertes Sojaöl mit Mono- und Diglyceriden von Speisefettsäuren EM / E 479b Thermooxidiertes Sojaöl, verestert TM / E 481 Natriumstearoyl-2-lactylat EM
MBM / E 483 Stearyltartrat EM / MBM / + E 491 Sorbitanmonostearat EM / ST / TS / + E 492 Sorbitantristearat EM / ST / TS / E 493 Sorbitanmonolaurat EM
TS / E 495 Sorbitanmonopalmitat EM / ST / TS / E 500 Natriumcarbonate BT / SR / E 501 Kaliumcarbonate BT / SR / TS / E 503 Ammoniumcarbonate BT /
/ TS / E 507 Salzsäure SR / E 508 Kaliumchlorid FM / GV / TS / E 509 Calciumchlorid FM / GV / TS / -- E 510 Ammoniumchlorid GV / E 511 Magnesiumchl
SM / E 513 Schwefelsäure SR / E 514 Natriumsulfate FM / SR / TS / E 515 Kaliumsulfate FM / SR / TS / E 516 Calciumsulfat FM / SR / TS / E 517 Ammoniumsul
miniumnatriumsulfat FM / E 522 Aluminiumkaliumsulfat FM / E 523 Aluminiumammoniumsulfat FM / E 524 Natriumhydroxid SR / E 525 Kaliumhydrox
moniumhydroxid SR / E 528 Magnesiumhydroxid SR / E 529 Calciumoxid SR / + E 530 Magnesiumoxid SR / + E 535 Natriumferrocyanid TM / + E 536 Kaliu
TM / E 541 Saures Natriumaluminiumphosphat BT / PH / + E 551 Siliciumdioxid TM / TS / + E 552 Calciumsilicat TM / TS / + E 553a Magnesiumsilicat Magn
E 554 Natriumaluminiumsilicat TM / + E 555 Kaliumaluminiumsilicat TM / E 556 Calciumaluminiumsilicat TM / E 558 Bentonit OBM / TM / TS / E 559 Alu
ren EM / OBM / TM / TS / E 574 Gluconsäure KB / OBM / SR / E 575 Glucono-delta-lacton SR / E 576 Natriumgluconat SR / E 577 Kaliumgluconat SR / TS /
conat ST / E 585 Eisen-II-lactat ST / -- E 620 Glutaminsäure GV / -- E 621 Mononatriumglutamat GV / -- E 622 Monokaliumglutamat GV / -- E 623 Calcium
tamat GV / -- E 625 Magnesiumdiglutamat GV / + E 626 Guanylsäure GV / + E 627 Dinatriumguanylat GV / + E 628 Dikaliumguanylat GV / + E 629 Calcium
Dinatriuminosinat GV / + E 632 Dikaliuminosinat GV / + E 633 Dicalciuminosinat GV / E 634 Calcium-5-ribonucleotid GV / E 635 Dinatrium-5-ribonucle
thylpolysiloxan SCHV / TS / + E 901 Bienenwachs OBM / TM / TS / + E 902 Candelillawachs OBM / TM / + E 903 Carnaubarwachs OBM / TM / + E 904 Schell
TM / + E 910 Wachsesther TM / E 912 Montansäureester OBM / E 914 Polyethylenwachsoxidate KM / OBM / + E 920 Cystein MBM / + E 921 Cystin MBM /
E 939 Helium PG / TG / E 941 Stickstoff PG / TG / E 942 Lachgas PG / TG / E 943a Butan TG / E 943b Isobutan TG / E 944 Propan TG / E 948 Sauerstoff PG /
tam SUM / - E 952 Cyclamat SUM / + E 953 Isomalt SUM / TS / - E 954 Saccharin SUM / + E 957 Thaumatin GV / SUM / - E 959 Neohesperidin DC SUM / +
/ + E 967 Xylit SUM / TS / E 999 Quillajaextrakt SCHM / ST / + E 1100 Amylasen ENZYM / + E 1101 Proteasen ENZYM / + E 1102 Glucoseoxidase ENZYM / +
/ E 1200 Polydextrose FHM / FS / TS / E 1201 Polyvinylpyrrolidon ST / TS / + E 1202 Polyvinylpolypyrrolidon ST / TS / E 1404 Oxidierte Stärke MS / E 14
phosphat MS / E 1413 Phosphatiertes Distärkephosphat MS / E 1414 Acetyliertes Distärkephosphat MS / E 1420 Acetylierte Stärke MS / E 1422 Acetylierte
stärke MS / E 1442 Hydroxypropyldistärkephosphat MS / E 1450 Stärkenatriumoctenylsuccinat MS / + E 1505 Triethylcitrat ST / E 1518 Triacetin TS / E 152

ZEICHENERKLÄRUNG

BW=Bewertung lt. *Ökotest*: + = gesundheitliche Bedenken bestehen nicht; - = gegen diesen Stoff bestehen begründete Zweifel oder es ist eine abschließende Bewertung von Gesundheitsrisiken nicht möglich; -- = die Zulassung dieses Stoffes sollte wegen gesundheitlicher Bedenken widerrufen, zumindest aber eingeschränkt werden; **AM** = Antioxidationsmittel (verhindern, daß Lebensmittel chemisch durch den Kontakt mit Luftsauerstoff reagieren und erhöhen so deren Haltbarkeit.); **BT** = Backtriebmittel (setzen Gase frei und vergrößern das Volumen von Backwaren); **EM** = Emulgatoren (machen es möglich, eigentlich nicht miteinander verbindbare Substanzen beständig zu mischen); **F** = Farbstoffe (verstärken bzw. rekonstruieren die natürliche Farbe von Lebensmitteln); **FHM** = Feuchthaltemittel (verhindern das Austroknen von Süß- und Backwaren); **FM** = Festigungsmittel (erhalten die Festigkeit und Frische von Obst und Gemüse); **FS** = Füllstoffe (vergrößern die Menge von Lebensmitteln, ohne sie substantiell mit Wertvollem anzureichern); **GM** = Geliermittel (festigen die Substanz von Lebensmitteln durch Gelbildung); **GV** = Geschmacksverstärker (verstärken oder modifizieren den natürlichen Geschmack und/oder Geruch von Lebensmitteln); **KB** = Komplexbildner (stabilisieren Farbe, Aroma und Aussehen von Lebensmitteln, indem sie vor allem Metalle binden); **KM** = Konservierungsmittel (verlängern die Haltbarkeit von Lebensmitteln, indem sie vor mikrobiellem Verderb schützen); **MBM** = Mehlbehandlungsmittel (verbessern die Backfähigkeit von Mehl oder Teigen); **MS** = Modifizierte Stärke (verdicken die Konsistenz von Suppen und Soßen mit Hilfe chemisch behandelter Stärke); **OBM** = Oberflächenbehandlungsmittel (lassen Lebensmittel glänzen oder bilden einen Schutzüberzug); **PG** = Packgas (sind Gase außer Luft; stabilisieren die Form der Packung und schützen das Lebensmittel vor Veränderungen; werden vor oder nach dem Lebensmittel oder gleichzeitig mit ihm abgefüllt); **PH** = Phosphate; **SCHM** = Schaummittel; **SCHS** = Schmelzsalze (verhindern, daß während des Schmelzens des Käses dessen Bestandteile - Fett und Molke - abgesondert werden); **SCHV** = Schaumverhüter (vermindern oder verhindern die Schaumbildung); **SM** = Säuerungsmittel (verleihen einem Lebensmittel sauren Geschmack oder verstärken ihn); **SR** = Säureregulatoren (bestimmen den Säuregrad eines Lebensmittels und verlängern dessen Haltbarkeit); **ST** = Stabilisatoren; **SUM** = Süßungsmittel; **TG** = Treibgase; **TM** = Trennmittel; **TS** = Trägerstoffe und Trägerlösungsmittel

Bundesausgaben 2006

Auf die Frage, wofür der Staat im Jahr 2006 unser aller Geld verwende, gibt der Etatplan eine einfache Antwort: gut 40 Prozent fließen in soziale Aufgaben, nicht einmal ein halbes Prozent wird für gesundheitsrelevante Projekte verwendet, dazwischen liegen die Zinsen für die Staatsverschuldung, die sich in der »Allgemeinen Finanzwirtschaft« verstecken.

Verwendungszweck	Mrd. EURO	In Prozent der Gesamtausgaben
Soziale Sicherung, Kriegsfolgeaufgaben	110,04	42,05 %
Allgemeine Finanzwirtschaft	37,76	14,43 %
ALG II	24,40	9,32 %
Politische Führung, Verwaltung, allgmeine Dienste	16,32	6,24 %
Bildung, Wissenschaft, Forschung	12,44	4,75%
Verkehrswesen	10,85	4,15 %
Ernährung, Landwirtschaft,	6,19	2,37 %
Wirtschaftsunternehmen, Allgemeines Grund- und Kapitalvermögen	5,98	2,29 %
Wirtschaftliche Zusammenarbeit	3,97	1,52 %
Deutsche Bahn AG	3,45	1,32 %
Wohnungswesen,	1,65	0,63 %
Gesundheit, Sport, Umwelt	0,91	0,35 %
Summe	261,67	100,00 %

Bundeseinnahmen 2006

Auf die Frage, woher der Staat eigentlich sein Geld bekommt, gibt der Etatplan 2006 eine einfache Antwort: über 26 Prozent stammen aus der Umsatzsteuer, 6,54 Prozent aus dem Konsum von Nervengiften – dazwischen liegt die Mineralölsteuer.

Einnahmeart	Mrd. EURO	In Prozent der Gesamteinnahmen
Umsatzsteuer	59,40	26,61 %
Lohnsteuer	51,04	22,87 %
Mineralölsteuer	36,69	16,44 %
Verwaltungseinnahmen	29,20	13,08 %
Tabaksteuer	14,60	6,54 %
Versicherungssteuer	8,73	3,91 %
Körperschaftssteuer	8,27	3,71 %
Solidaritätszuschlag	7,45	3,34 %
Stromsteuer	6,55	2,93 %
Kaffeesteuer	1,00	0,45 %
Schaumweinsteuer	0,27	0,12 %
Summe	223,20	100,00 %

Die chemischen Formeln einiger in unserer Ernährung vorkommender Dinge

$C_{12}H_{22}O_{11}$	Rohrzucker	CO_2+2H_2O	Mineral-wasser
H_2O	Wasser		
$C_6H_{12}O_6$	Trauben-zucker	H_2CO_3	Kohlensäure
		$C_8H_{10}N_4O_2$	Koffein
$C_5H_{10}O_5$	Stärke	$NaHCO_3$	Backpulver
NaCl	Speisesalz	C_2H_6O	Alkohol

Die zehn Gebote

1: Du sollst neben mir keine Götter haben.
2: Mißbrauche nicht den Namen des Herrn.
3: Gedenke des Sabbat.
4: Ehre Vater und Mutter.
5: Du sollst nicht töten.
6: Du sollst nicht die Ehe brechen.
7: Du sollst nicht stehlen.
8: Du sollst nicht falsch aussagen.
9: Begehre nicht deines Nächsten Frau.
10: Begehre nicht deines Nächsten Gut.

Diese zehn Gebote werden auch Dekalog genannt (Zehngebot), ihre Numerierung findet sich freilich nirgends in der Bibel.

Cosmopolitan

2 cl Wodka
1 cl Cointreau
1 cl Limettensaft
2 cl Preiselbeersaft

Zutaten in einen Cocktailshaker mit crushed ice geben – gut mixen – in ein gekühltes Cocktailglas füllen.

Dieser Cocktail spielt in der populären TV-Serie »Sex and the City« eine tragende Rolle.

Die meistfrequentierten Flughäfen der Welt

Rang	Flughafen	Flughafen-code	Flugbewegungen pro Jahr	Passagiere pro Jahr
1	Hartsfield Atlanta Int.	ATL	976.447	84.846.639
2	O'Hare Int., Chicago	ORD	958.643	77.028.134
3	Dallas / Fort Worth Int.	DFW	699.773	60.226.138
4	Los Angeles Int.	LAX	656.842	61.041.066
5	McCarran Int., Las Vegas			
	George Bush Intercontinental	LAS	619.486	46.193.329
6	Airport Houston	IAH	602.672	42.550.432
7	Denver Int.	DEN	598.489	47.325.016
8	Phoenix Sky Harbor Int.	PHX	546.510	41.436.737
9	Paris Charles de Gaulle Int.	CDG	541.566	56.849.567
10	Philadelphia Int.	PHL	515.869	31.768.272
...				
12	Frankfurt	FRA	489.406	52.810.683

Quelle: Airports Council International. Stand: Juli 2007.

Hochzeitsjubiläen

1	*Baumwollene-* oder *Papierene Hochzeit*	20	*Porzellanhochzeit*
3	*Lederne Hochzeit*	21	*Opalhochzeit*
4	*Seidenhochzeit*	25	*Silberne Hochzeit*
5	*Hölzerne Hochzeit*	30	*Perlenhochzeit*
6	*Zuckerhochzeit*	33 1/3	*Knoblauchhochzeit*
6 1/2	*Zinnerne Hochzeit*	35	*Leinwandhochzeit*
7	*Kupferne Hochzeit*	36	*Smaragdhochzeit*
8	*Blecherne Hochzeit*	37 1/2	*Aluminiumhochzeit*
9	*Keramikhochzeit* oder *Töpferhochzeit*	40	*Rubinhochzeit*
10	*Rosen-* oder *Bronzene Hochzeit*	45	*Platinhochzeit*
12 1/2	*Nickel-* oder *Petersilien Hochzeit*	50	*Goldene Hochzeit*
13	*Spitzenhochzeit* oder *Lace-Hochzeit*	60	*Diamantene Hochzeit*
14	*Elfenbeinhochzeit*	65	*Eiserne Hochzeit*
15	*Gläserne-, Kristallene-* oder *Veilchen Hochzeit*	67 1/2	*Steinerne Hochzeit*
16	*Saphirhochzeit*	70	*Gnadenhochzeit*
18	*Türkishochzeit*	75	*Kronjuwelenhochzeit*

Umbenannte Länder und Städte

Alter Name	Neuer Name		
Obervolta	Burkina Faso	*Land*	Afrika
Alma-Ata	Almaty	*Stadt*	Kasachstan
Bangalore	Koramangala	*Stadt*	Indien
Bathurst	Banjul	*Stadt*	Gambia
Bombay	Mumbai	*Stadt*	Indien
Burma	Myanmar	*Land*	Asien
Ceylon	Sri Lanka	*Insel*	Asien
Dahomey	Benin	*Land*	Afrika
Deutsch-Südwestafrika	Namibia	*Land*	Afrika
Diosek	Sládkovicovo	*Stadt*	Slowakei
Kalkutta	Kolkata	*Stadt*	Indien
Karl Marx Stadt	Chemnitz	*Stadt*	Deutschland
Madras	Chennai	*Stadt*	Indien
Saddam-Stadt	al-Sadr	*Stadt*	Irak (Stadtteil von Bagdad)
Süd-Rhodesien	Simbabwe	*Land*	Afrika

Zwei Kochmaße und ihre Entsprechungen

1 	entspricht
Butter	225 g
Grieß	165 g
Haferflocken	85 g
Mandeln	85 g
Mehl	110 g
Öl	183 g
Reis	200 g
Salz	130 g
Schmalz	235 g
Zucker	225 g
Puderzucker	135 g

1 Eß-	entspricht
Butter	15 g
Haferflocken	5 g
Kaffee	5 g
Kakao	5 g
Mehl	10 g
Stärkemehl	10 g
Reis	20 g
Salz	9 g
Schmalz	17 g
Zucker	15 g

Frau Mustermann und Co.

In vielen Ländern gibt es Namen, die dem von Erika Mustermann gleichen: Sie bezeichnen eine Phantasieperson, die als Synonym für vollkommene Durchschnittlichkeit gilt und daher beispielsweise auf Musterexemplaren von Führerscheinen verwendet wird. Im folgenden einige vergleichbare Namen.

Erika Mustermann	*Deutschland*
Otto Normalverbraucher	*Deutschland*
Desiré Jeanette	*Europa*
Matti Meikalainen	*Finnland*
Jean Dupont	*Frankreich*
Joe Bloggs	*Großbritannien*
Jón Jónsson	*Island*
Mario Rossi	*Italien*
Ivan Horvat	*Kroatien*
Jonas Jonaitis	*Litauen*
Joe Borg	*Malta*
Jan Modaal	*Niederlande*
Kari Nordmann	*Norwegen*
Max Muster	*Österreich*
Jan Kowalski	*Polen*
Vasya Pupkin	*Russland*
Erik Johansson	*Schweden*
Janez Novak	*Slowenien*
Fulano de Tal	*Spanien*
Jane Doe	*USA*
John Doe	*USA*
John Q. Public	*USA*
Nguoi La	*Vietnam*

Das Sonett

In seinen »Vorlesungen über schöne Litteratur und Kunst«, gehalten zu Berlin in den Jahren 1803–1804, sagt August Wilhelm Schlegel über das Sonett:

»Ich will mit dem S o n e t t anfangen, und da diese Gattung ganz vorzüglich bey Unkundigen im Verdacht einer bloß capriciösen Willkühr ihrer Regeln gestanden, ihre Nothwendigkeit abzuleiten, und es so viel möglich mathematisch zu construiren suchen.
Das Sonett besteht in 14 Zeilen, welche durch Abschnitte des Sinnes in vier Glieder, zwey von 4 Zeilen, die vorangehn, und zwey von 3, die nachfolgen. (Quartetts und Terzetts). Die Verse werden von gleicher Länge genommen (die verunglückten Versuche das Gegentheil einzuführen kommen nicht in Betracht) und zwar wählt man die umfassendste und allgemeinste der gereimten Versarten, welche in der Sprache üblich ist, z. B. bey den Franzosen Alexandriner, und ehedem leyder auch bey uns, bey den Italiänern und Spaniern den 11sylbigen Vers, bey den Engländern den fünffüßigen Jamben.«

Schmerzensgelder

Schmerzensgeld in Euro	Verletzung	Person	Besondere Umstände, die für die Entscheidung maßgebend waren	Gericht, Datum der Entscheidung, Aktenzeichen
250	Sonnenbrand am ganzen Körper nach Benutzung einer Sonnenbank	Mann	Es wurde infolge einer Mithaftung von 80% nur ein Betrag von 50 EUR zugesprochen, da der Kläger auf den Hinweis des Beklagten, er solle keine stark strahlende Sonnenbank nehmen, nicht eingegangen ist.	AG Kerpen 06.08.1999 24 C 88/89
400	Ausfallerscheinungen in Form von Zittern, Würgen und Weinkrämpfen anläßlich einer plötzlichen Lärmentwicklung von tieffliegenden Düsenflugzeugen an zwei Tagen	pensionierte Lehrerin		OLG Oldenburg 06.07.1990 NJW 1990, 3215
400	Schock, ausgelöst durch verbale Attacken und Schlag auf die Hand	kommunale Überwachungsbeauftragte	Das aggressive Verhalten des Parksünders führte zu körperlichem Unwohlsein mit Übelkeit, Weinkrämpfen, Angstgefühlen. Klägerin überlegt sich, den Beruf aufzugeben.	WWandsbeck 28.07.1993 716 C 84/93 AG Hannover
500	Beschädigung der Haare durch eine Dauerwellenbehandlung, Kurzhaarschnitt erforderlich. Reaktiv depressive Verstimmung	Frau	Nicht unerhebliche Lebensbeeinträchtigung; nur leichte Fahrlässigkeit	26.05.1994 510 C 705/94 AG Köln
500	Psychische Störungen durch das Erlebnis eines Beinaheunfalls	Frau	Klägerin hat im Rückspiegel beobachtet, wie der Fahrer eines nachfolgenden Lkw, um ein Auffahren zu verhindern, den Lkw nach rechts zog und gegen eine Mauer prallte.	10.01.2000 268 C 218/99 AG Dortmund
500	Verschlechterung des gesundheitlichen Zustandes durch ruhestörenden Lärm (Betreibung eines Fernsehgerätes) über einen längeren Zeitraum	Mann		06.09.1993 122 C 6541/93

				AG Leutkirch
550	Verletzung der Lippe	15jähiger	Faustschlag ins Gesicht nach Amateur-Fußballspiel	16.02.2000 2 C 15/00 AG Bad Oldesloe
600	Stark blutende Wunde im Bereich Nase	Frau	Aufprall auf die verschlossene Hälfte einer automatischen Glastür, die sich bei Annäherung nicht öffnete	03.05.2002 2 C 245/01 AG Pirmasens
750	Verletzung des Persönlichkeitsrechts durch die Behauptung, sie sei »zu dumm zum Bumsen«	Frau	Behauptung eines Mannes über seine Wohnungsnachbarin	08.07.1998 5 C 126/98 AG Gelsenkir-
1500	teilweiser Abbruch von zwei vorderen Schneidezähnen, Schädelprellung	Mann	Schmerzensgeldmindernd ist, daß der Kläger die Situation teilweise dadurch heraufbeschworen hat, daß er die damalige Freundin des Beklagten am Tag zuvor mit obszönen Worten beleidigte.	chen Buer 29.02.2000 29 C 87/99 OLG Hamburg
1500	Verletzung des Persönlichkeitsrechts, da sich neben einem Artikel »Aids-Angst hinter Gittern« und der Unterschrift »Aids-Risiko Tätowierungen« das Bild eines tätowierten Häftlings befindet und dieser trotz eines schwarzen Balkens erkennbar ist	Mann	Kläger ist in Verdacht geraten, möglicherweise an Aids erkrankt zu sein, was zu einer Isolierung im sozialen Umfeld führen kann.	16.04.1987 NJW-RR 1988, 736 AG Bonn
1500	Messerschnittverletzung an linkem Unterlid und linker Hand	Mann	Körperliche Auseinandersetzung ohne gerechtfertigten Grund	17.12.1996 17 C 73/96 AG Erkelenz
3000	nachhaltige Schädigung des Haarwuchses durch Anwendung einer falschen Haarfärbemethode	16jährige Schülerin	Beklagter und seine Haftpflichtversicherung zeigten kein Entgegenkommen.	05.01.1994 VersR 1995, 797

Gängige Schriftgrade

Der Schriftgrad gibt die Buchstabenhöhe einer Druckschrift an. Die Einheit ist der typographische Punkt (pt).
In der ersten Hälfte des 18. Jahrhunderts rechnete man in Fournier-Punkt (0,34 mm), in der zweiten Hälfte wurde er durch den Didot-Punkt abgelöst (0,376mm). Seit 1886 gilt der Pica-point: 1 pt entspricht 0,351mm.

pt	1	2	3	4	5	6
Name	*Achtelpetit*	*Viertelpetit*	*Viertelcicero*	*Halbpetit*	*Perl*	*Nonpareille*
mm	0,351	0,703	1,054	1,406	1,757	2,108

pt	7	8	9	10	11	12
Name	*Kolonel*	*Petit*	*Borgis*	*Korpus*	*Rheinländer*	*Cicero*
mm	2,460	2,811	3,163	3,514	3,861	4,217

pt	14	16	20	36	42	48
Name	*Mittel*	*Tertia*	*Text*	*3 Cicero*	*Grobe Kanon*	*4 Cicero*
mm	4,920	5,522	7,029	12,650	14,742	16,867

pt	54	60	66
Name	*Missal*	*5 Cicero*	*Kleine Sabon*
mm	18,954	21,084	23,166

pt	72	84	96
Name	*6 Cicero*	*7 Cicero*	*8 Cicero*
mm	25,301	29,518	33,696

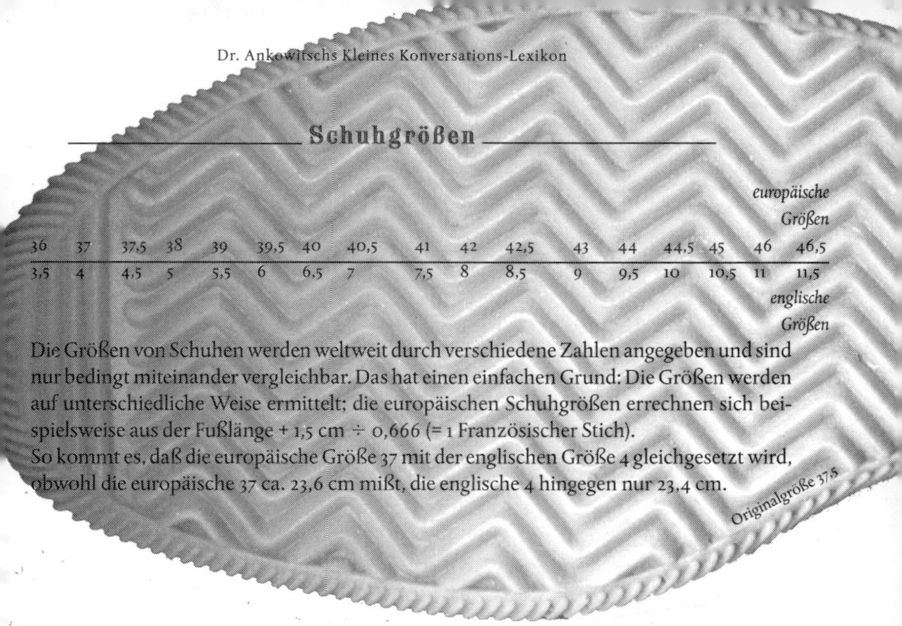

Schuhgrößen

europäische Größen	36	37	37,5	38	39	39,5	40	40,5	41	42	42,5	43	44	44,5	45	46	46,5
englische Größen	3,5	4	4,5	5	5,5	6	6,5	7	7,5	8	8,5	9	9,5	10	10,5	11	11,5

Die Größen von Schuhen werden weltweit durch verschiedene Zahlen angegeben und sind nur bedingt miteinander vergleichbar. Das hat einen einfachen Grund: Die Größen werden auf unterschiedliche Weise ermittelt; die europäischen Schuhgrößen errechnen sich beispielsweise aus der Fußlänge + 1,5 cm ÷ 0,666 (= 1 Französischer Stich).
So kommt es, daß die europäische Größe 37 mit der englischen Größe 4 gleichgesetzt wird, obwohl die europäische 37 ca. 23,6 cm mißt, die englische 4 hingegen nur 23,4 cm.

Originalgröße 37,5

Das @

Lange Zeit hat dieses Zeichen ein kaum beachtetes Leben geführt. Seit der Verbreitung des Internet ist es zum Symbol einer ganzen Generation geworden. Verwendet wird das Zeichen in Emailadressen – es trennt den Namen (vorne) von der Adresse (hinten): drankowitsch@konversationslexikon.net. Das ursprünglich »commercial at« genannte Zeichen diente im englischen Sprachraum ursprünglich dazu, den Preis für eine Ware anzuzeigen, also: »Apples @ 20 cent«. Im Deutschen wird das @ nach DIN mit »kommerzielles a« übersetzt.
Mittlerweile haben sich im Deutschen zwei Begriffe für die Bezeichnung des @ durchgesetzt:

at (sprich et)
Klammeraffe

Schwedische »Eurovision Song Contest«-Sieger

Statistisch gesehen gewinnt Schweden alle 12,75 Jahre einen Eurovision Song Contest. Hier die vier Gewinner in der bislang 52jährigen Geschichte dieses Wettbewerbs:

1974: Abba – »Waterloo« – 1984: Herrey's – »Diggi-Loo Diggi-Ley« – 1991: Carola – »Fångad av en stormvind« – 1999: Charlotte Nilsson – »Take Me To Your Heaven«

Deutsche Wörter im Japanischen

arubaito	Arbeit
aruhîfu	Archiv
arupenshutokku	Alpenstock
autarukî	Autarkie
autobân	Autobahn
bachirusu	Bazillus
birudungusu-roman	Bildungsroman
burokkufureete	Blockflöte
chikurusu	Zyklus
demônisshu	dämonisch
doramatsurugî	Dramaturgie
ekumêne	Ökumene
enerugi	Energie
enerugisshu	energisch
fanfâre	Fanfare
fenomenorogî	Phänomenologie
fumôru	Humor
fyûrâ	Führer
gemyûto	Gemüt
genepuro	Generalprobe
gerende	Gelände
geshutaruto	Gestalt
gipusukorusetto	Gipskorsett
gochikku	Gotik
idê	Idee
ideorogisshu	ideologisch
jingushupîru	Singspiel
kanyûre	Kanüle
kapuseru	Kapsel
karute	Karte
kirushuwassâ	Kirschwasser
kishirohon	Xylophon
kôru	Chor
merukumâru	Merkmal
noirôze	Neurose
ontorogî	Ontologie
pikkeru	Pickel
potentsu	Potenz
raitomochîfu	Leitmotiv
rakutôze	Laktose
rêzedorama	Lesedrama
sherakku	Schellack
shêre	Schere
shunautsâ	Schnauzer
shupannungu	Spannung
shutaikuaizen	Steigeisen
torokkenbau	Trockenbau
tôtenkuroitsu	Totenkreuz
tsaitogaisuto	Zeitgeist
zairu	Seil
zattsu	Satz (Musik)

Die zum Teil starke Veränderung der deutschen Wörter erklärt sich durch den einfachen Umstand, daß im Japanischen Konsonantenverbindungen beinahe vollständig fehlen; daher müssen die deutschen Wörter den sprachlichen Möglichkeiten des Japanischen angepasst werden. Siehe »burokkufureete«.

Der Body Mass Index

Um zu berechnen, ob das Gewicht eines Menschen als normal zu betrachten ist oder nicht, errechnet man dessen Body Mass Index (BMI). Dazu dividiert man das Gewicht (in Kilogramm) durch das Quadrat der Köpergröße (in Metern). Wiegt also jemand 60 Kilogramm und ist dieser jemand 1,71 Meter groß, so ergibt das: $60 : 1{,}71^2 = 20{,}5$
Als normal gelten bei Frauen ein BMI von 19 bis 24 und bei Männern von 20 bis 25.

Die ideale Steigung einer Treppe

Die wichtigste Forderung an alle, die eine Treppe konstruieren, lautet: Sie muß für die Menschen sicher und bequem begehbar sein. Um das zu erreichen gibt es drei Formeln, die die idealen Maße für eine Treppe festlegen, also das richtige Verhältnis der Treppenhöhe (Steigungshöhe = s) zur Treppenfläche (Auftrittbreite = a).

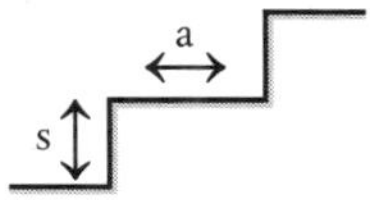

Um also die ideale Treppe zu konstruieren, müssen die Maße von »s« und »a« die unten angebenen Formel-Summen ergeben – dann kann man von einer idealen Treppe sprechen.

Die Schrittmaßformel.
Sie existiert seit rund 320 Jahren und errechnet sich aus: 2 s + a = 63 cm (± 3 cm).

Die Bequemlichkeitsformel.
Sie errechnet sich aus: a – s = 12 cm (bei diesem Ergebnis ist die Treppe besonders leicht zu begehen).

Die Sicherheitsformel.
Sie errechnet sich aus: a + s = 46 cm (mit diesem Ergebnis konstruiert man eine Treppe, die besonders sicher hinabzusteigen ist).

Selbstverständlich dürfen die Maße von »s« und »a« in der Lauflinie der Treppe nicht verändert werden, sonst stolpern die Menschen.
Der Formelsollwert wird bei einem Steigungsverhältnis von s = 17 cm und a = 29 cm bei allen drei Formeln erreicht.

Die deutschen Bundesländer und ihre Hauptstädte

Baden-Württemberg (*Stuttgart*) ° Bayern (*München*) ° Berlin (*Berlin*) ° Brandenburg (*Potsdam*) ° Bremen (*Bremen*) ° Hamburg (*Hamburg*) ° Hessen (*Wiesbaden*) ° Mecklenburg-Vorpommern (*Schwerin*) ° Niedersachsen (*Hannover*) ° Nordrhein-Westfalen (*Düsseldorf*) ° Rheinland-Pfalz (*Mainz*) ° Saarland (*Saarbrücken*) ° Sachsen (*Dresden*) ° Sachsen-Anhalt (*Magdeburg*) ° Schleswig-Holstein (*Kiel*) ° Thüringen (*Erfurt*)

Obst vs. Gemüse

Die Frucht macht den Unterschied zwischen Obst und Gemüse: Ißt man von einer Pflanze die Früchte oder Samen, handelt es sich in der Regel um Obst. Wird ein anderer Teil (z.B. die Wurzel) verzehrt, dann wird dieser Gemüse genannt.

Während ein Biologe unzählige Fruchttypen unterscheidet, spielt das Gemüse für ihn keine Rolle: Der Begriff wird nur im Handel und in der Gastronomie verwendet.

Ein nicht in jedem Fall treffsicheres Unterscheidungsmerkmal ist die Lebensdauer der Pflanze. Obst wächst fast ausschließlich an mehrjährigen Pflanzen, Gemüse hingegen hat meist nur eine maximal einjährige Lebenserwartung. Eine Ausnahme ist z.B. der Rhabarber (der – für viele überraschend, aber angesichts des hier Gesagten logisch – ebenfalls zu den Gemüsen zählt).

Die gesetzliche deutsche Zeit und ihre Verbreitung

Die Zeitmessung in Deutschland ist gesetzlich geregelt. Dazu heißt es im »Gesetz über die Zeitbestimmung (Zeitgesetz — ZeitG)« vom 25. Juli 1978 (BGBl. I S. 1110):

§ 1 Gesetzliche Zeit.

(1) Im amtlichen und geschäftlichen Verkehr werden Datum und Uhrzeit nach der gesetzlichen Zeit verwendet.

(2) Die gesetzliche Zeit ist die mitteleuropäische Zeit. Diese ist bestimmt durch die koordinierte Weltzeit unter Hinzufügung einer Stunde.

(3) Die koordinierte Weltzeit ist bestimmt durch eine Zeitskala mit folgenden Eigenschaften:

1. Sie hat am 1. Januar 1972, 0 Uhr, dem Zeitpunkt 31. Dezember 1971, 23 Uhr 59 Minuten 59,96 Sekunden, der mittleren Sonnenzeit des Nullmeridians, entsprochen.
2. Das Skalenmaß ist die Basiseinheit Sekunde nach § 3 Abs. 4 des Gesetzes über Einheiten im Meßwesen vom 2. Juli 1969 (BGBl. I S. 709), zuletzt geändert durch Artikel 287 Nr. 48 des Gesetzes vom 2. März 1974 (BGBl. I S. 469), in Meereshöhe.
3. Die Zeitskala der koordinierten Weltzeit wird entweder durch Einfügen einer zusätzlichen Sekunde oder durch Auslassen einer Sekunde mit einer Abweichung von höchstens einer Sekunde in Übereinstimmung mit der mittleren Sonnenzeit des Nullmeridians gehalten.

In § 2 wird die Darstellung und Verbreitung der gesetzlichen Zeit geregelt, die »von der Physikalisch-Technischen Bundesanstalt dargestellt und verbreitet«

wird. Die PTB befindet sich in Braunschweig und bedient sich dafür eines Ensembles von Cäsium-Atomuhren, darunter der primären Uhren namens CS1, CS2 und CS3. Sie befinden sich in der Braunschweiger Atomuhrenhalle, die aussieht wie eine Turnhalle mit Computern drinnen.

Als Taktgeber der Atomuhren werden, so die PTB, »Sprünge von Elektronen zwischen Energieniveaus eines Atoms ausgenutzt. Ein Elektron springt genau dann auf ein höheres Energieniveau, wenn ein von außen eingestrahltes Energiepaket, ein Photon, genau die benötigte Energiedifferenz für den Sprung mit sich bringt, also die richtige Frequenz hat.
Seit 1967 beruht die Definition der Sekunde auf einem Übergang eines Elektrons im Element Caesium 133, der durch ein Mikrowellenphoton mit der exakten Frequenz 9 192 631 770 Hertz angeregt wird. Und wer eine Frequenz exakt kennt, kann auch Zeiten messen: Um eine Zeitdauer abzumessen, muss man jetzt nur noch entsprechend viele Schwingungen abzählen.«

10 : 58 : 42

Um ihren gesetzlichen Auftrag zur Darstellung und Verbreitung der gesetzlichen Zeit zu erfüllen, sendet die PTB mittels des Langwellensenders DCF77 ein Zeitsignal aus, und zwar von Mainflingen bei Frankfurt am Main. Als Sendeantenne wird eine 150 m oder 200 m hohe vertikale Rundstrahlungsantenne mit Dachkapazität verwendet. Die Zeitsignale stammen von den erwähnten Atomuhren. Wegen seiner zentralen Lage lassen sich die Zeitsignale in Deutschland und weiten Teilen Europas mit großer Feldstärke empfangen; die Reichweite des Senders beträgt etwa 2000 Kilometer.

Mit Hilfe der Zeitsignale werden Funkuhren genauer als eine Millisekunde in Übereinstimmung mit der PTB-Zeit gehalten. Die Zeitangaben der Rundfunk- und Fernsehanstalten sowie die Uhren der Deutschen Bahn AG und des Zeitansagedienstes der Telekom werden ebenso von DCF77 gesteuert wie viele Tarif-Schaltuhren, Verkehrsüberwachungsgeräte und Ampelanlagen. In Industrie und Wissenschaft werden von DCF77-Funkuhren Prozessabläufe gesteuert und überwacht.
Es ist auch möglich, sich das Braunschweiger Zeitsignal mittels eines normalen Telephons ins Haus zu holen. Dazu benötigt man einen Computer und ein normales Modem, das man mit folgender Nummer verbindet: 0531 512038.

Die PTB bestimmt nicht nur die gesetzliche deutsche Zeit, sondern ist wesentlich (zu rund 80%) dafür verantwortlich, daß die Uhren auf der ganzen Welt richtig gehen.

Was kam zuerst? Das Huhn oder das Ei?

Antwort: das Huhn

»Und Gott sprach: Es wimmle das Wasser von lebendigem Getier, und Vögel sollen fliegen auf Erden unter der Feste des Himmels. Und Gott schuf große Walfische und alles Getier, das da lebt und webt, davon das Wasser wimmelt, ein jedes nach seiner Art, und alle gefiederten Vögel, einen jeden nach seiner Art. Und Gott sah, daß es gut war. Und Gott segnete sie und sprach: Seid fruchtbar und mehret euch und erfüllet das Wasser im Meer, und die Vögel sollen sich mehren auf Erden.« *Das erste Buch Mose (Genesis), 1,20-22*

Confoederatio Helvetica Die Schweizer Kantone und die dazugehörigen Autokennzeichen

Aargau (AG) · Appenzell-Ausserrhoden (AR) · Appenzell-Innerrhoden (AI) · Basel-Land (BL) · Basel-Stadt (BS) · Bern (BE) · Fribourg/Freiburg (FR) · Genève/Genf (GE) · Glarus (GL) · Graubünden/Grischun (GR) · Jura (JU) · Luzern (LU) · Neuchâtel/Neuenburg (NE) · Nidwalden (NW) · Obwalden (OW) · Schaffhausen (SH) · Schwyz (SZ) · Solothurn/Soleure (SO) · St. Gallen (SG) · Thurgau (TG) · Ticino/Tessin (TI) · Uri (UR) · Valais/Wallis (VS) · Vaud/Waadt (VD) · Zug (ZG) · Zürich (ZH)

Die Grade menschlicher Intelligenz und die Häufigkeit ihres Auftretens

IQ	Bezeichnung	Häufigkeit
unter 70	extrem niedrig	2,20%
70-79	sehr niedrig	6,70%
80-89	niedrig	16,10%
90-109	durchschnittlich	50,00%
110-119	hoch	16,10%
120-129	sehr hoch	6,70%
130 und darüber	extrem hoch	2,20%

lt. Hamburg-Wechsler-Intelligenztest (Wechsler-Bellevue-Test) für Kinder zwischen 6 und 15 Jahren

Bob der Baumeister: Dramatis personae

Die wichtigsten Personen der beliebten Kinder-TV-Serie »Bob der Baumeister« sind:

Name	Job	Kennfarbe
Bob	Baumeister	blau (Latzhose)
Wendy	Partnerin	blau (Hose)
Herr Brauer	Inspektor	blau (Nadelstreifanzug)
Kuschel	Kater	blau
Knolle	chaotische Vogelscheuche	orange (Möhrennase)
Baggi	Bagger	gelb
Buddel	Planierbagger	rot
Conti	Containerlaster	gelb
Heppo	Kran	blau
Kessi	Gabelstapler	hellblau
Mixi	Mischmaschine	orange
Rollo	Dampfwalze	grün
Rumpel	Traktor	grün

Einige Cocktails, die dramaturgische Verwendung in Hollywood fanden

Cocktail	Film	Jahr	Regisseur
Gibson	Alles über Eva	1950	Joseph L. Mankiewicz
Gimlet	Schnee am Kilimandscharo	1952	Henry King
Hot Toddy	Die Katze auf dem heißen Blechdach	1958	Richard Brooks
Mojito	Unser Mann in Havanna	1959	Carol Reed
Planter's Punch	Vom Winde verweht	1939	Victor Fleming
Screwdriver	Verdammt in alle Ewigkeit	1953	Fred Zinnemann
Singapore Sling	Casablanca	1942	Michael Curtiz
Whiskey Sour	Das verflixte siebte Jahr	1955	Billy Wilder
White Russian	The Big Lebowski	1998	Joel Coen
Zombie	Frühstück bei Tiffany	1961	Blake Edwards

Die fünf ständigen Mitglieder des UNO-Sicherheitsrats

China – Frankreich – Grossbritannien – Russland – USA

Die Mitglieder der europäischen Union

1958 › Belgien, Bundesrepublik Deutschland, Frankreich, Italien, Luxemburg, Niederlande · **1973** › Dänemark, Großbritannien & Nordirland, Irland · **1981** › Griechenland · **1986** › Portugal, Spanien · **1990** › Bundesrepublik Deutschland (Ex-DDR) · **1995** › Finnland, Österreich, Schweden · **2004** › Estland, Lettland, Litauen, Malta, Polen, Slowakei, Slowenien, Tschechien, Ungarn, Zypern · **2007** › Bulgarien, Rumänien

Die acht Grundzeichen des I Ging

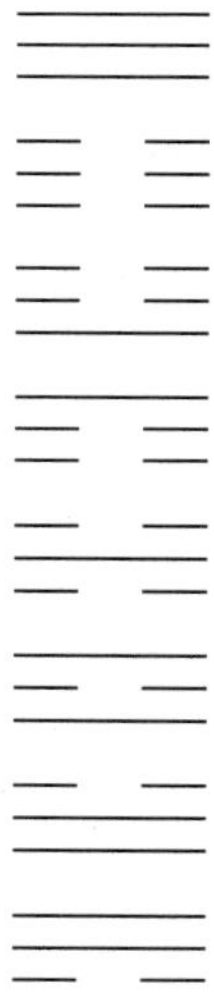

Das Schöpferische

Das Empfangende

Das Erregende

Das Stillehalten

Das Abgründige

Das Haftende

Das Heitere

Das Sanfte

Aus jeweils zwei dieser acht Grundzeichen setzen sich die Hexagramme des berühmten chinesischen Orakels »I Ging« zusammen. Man sagt dem Orakel nach, daß es Menschen Auskunft gibt, die in einer konkreten Situation wissen wollen, was sie tun sollen.

Um unter den 64 Hexagrammen das seine zu ermitteln, wirft man drei Münzen sechsmal hintereinander – ihre Konstellation ergeben einen ganzen Strich bzw. zwei halbe Striche. Nachzulesen sind die Interpretationen der 64 Zeichen in dem von Richard Wilhelm übersetzten und bei Diederichs im Jahr 1973 herausgegebenen Buch »I Ging«.

Drei vierzeilige Kinderreime

1.
Ich und du,
Müllers Kuh,
Müllers Esel,
der bist du.

2.
Am, dam, dess,
diesemal press,
diesemale pumperness,
am, dam, dess.

3.
Heile, heile Segen,
drei Tage Regen,
drei Tage Schnee,
es tut dir nimmer weh!

Klimazonen und Klimatypen

Klimazone*	Breitengrade Nord / Süd	Durchschnittstemperatur
Polarzone	Nord-/Südpol 90°–66,5°	-23°C
Subpolare Zone	66,5°–60°	-7°C
Gemäßigte Zone	60°–40°	5°C
Subtropen	40°–23,5°	22°C
Tropen	23,5°–0° (Äquator)	26°C

* nach W. Lauer und P. Frankenberg
Die Angaben sind schematisch und berücksichtigen nicht die lokal variierenden Ausdehnungen der Klimazonen. Es gibt verschiedene andere Unterteilungen der Klimazonen, beispielsweise die nach W. Köppen auf der Grundlage von Schwellenwerten der Temperatur und der Niederschläge oder die nach Alan und Arthur Strahler.

Bücher mit Goldschnitt

Die Schnittflächen mancher Bücher werden durch das Aufbringen von Blattgold verziert, so daß sie ein besonders edles Aussehen erhalten. Es kommt allerdings vor, daß die Seiten infolge des Vergoldens zusammenkleben. Zu diesem Zwecke legen manche Verlage ihren Büchern Zettelchen bei, auf denen sie erklären, was man in einem solchen Falle tun soll. So auch F.A. Brockhaus anläßlich seines zweibändigen »Kleinen Brockhaus« aus dem Jahr 1961. Auf dem blaßgrünen Zettelchen mit kleiner Zeichnung heißt es:

»Wegen des Goldschnitts klebende Blätter löst man auf einfache Weise und ohne das Buch zu beschädigen, indem man mit dem Daumen leicht an dem mit dem Goldschnitt versehenen Blattrand entlangstreicht. Bitte die Blätter nicht feucht machen!«

Das System, nach dem Ikea die Namen seiner Produkte wählt

BADEZIMMERARTIKEL	Skandinavische Seen, Flüsse, Meeresbuchten
BELEUCHTUNGSKÖRPER	Begriffe aus der Musik, Chemie, Meteorologie, Maße, Gewichte, Jahreszeiten, Monate, Tage, Boote, Seemannsbegriffe
BETTEN, KLEIDERSCHRÄNKE, DIELENMÖBEL	Norwegische Ortsnamen
BETTWÄSCHE, DECKEN, KISSEN	Blumen, Pflanzen, Edelsteine
ESSTISCHE UND -STÜHLE	Finnische Ortsnamen
GARDINENZUBEHÖR	Mathematische und geometrische Begriffe
GARTENMÖBEL	Schwedische Inseln **NEU!**
KINDERARTIKEL	Säugetiere, Vögel, Adjektive
KÜCHEN	Grammatische Begriffe, gelegentlich auch andere Namen
KÜCHENUTENSILIEN (Besteck, Geschirr, Textilien, Glas, Porzellan, Tischdecken, Kerzen, Servietten, Vasen)	Fremdwörter, Gewürze, Kräuter, Fische, Pilze, Früchte, Beeren, Funktionsbeschreibungen
POLSTERMÖBEL, COUCHTISCHE, RATTANMÖBEL, BÜCHERREGALE, MUSIKMÖBEL, TÜRKNÖPFE	Ortsnamen
SCHACHTELN, WANDDEKORATION, BILDER, RAHMEN, UHREN	Umgangssprachliche Ausdrücke, Ortsnamen
STOFFE, GARDINEN	Frauennamen
STÜHLE, SCHREIBTISCHE	Männernamen
TEPPICHE	Dänische Ortsnamen

Seit den 1970er Jahren werden die meisten Namen nach diesem System vergeben.

*wenn nicht extra erwähnt, entstammen die Begriffe dem Schwedischen

IKEA

Primzahlen

2, 3, 5, 7, 11, 13, 17, 19, 23, 29, 31, 37, 41, 43, 47, 53, 59, 61, 67, 71, 73, 79, 83, 89, 97, 101, 103, 107, 109, 113, 127, 131, 137, 139, 149, 151, 157, 163, 167, 173, 179, 181, 191, 193, 197, 199, 211, 223, 227, 229, 233, 239, 241, 251, 257, 263, 269, 271, 277, 281, 283, 293, 307, 311, 313, 317, 331, 337, 347, 349, 353, 359, 367, 373, 379, 383, 389, 397, 401, 409, 419, 421, 431, 433, 439, 443, 449, 457, 461, 463, 467, 479, 487, 491, 499, 503, 509, 521, 523, 541, 547, 557, 563, 569, 571, 577, 587, 593, 599, 601, 607, 613, 617, 619, 631, 641, 643, 647, 653, 659, 661, 673, 677, 683, 691, 701, 709, 719, 727, 733, 739, 743, 751, 757, 761, 769, 773, 787, 797, 809, 811, 821, 823, 827, 829, 839, 853, 857, 859, 863, 877, 881, 883, 887, 907, 911, 919, 929, 937, 941, 947, 953, 967, 971, 977, 983, 991, 997 …

19.510.567

Primzahlen p sind natürliche Zahlen, die exakt zwei Teiler haben: die 1 und sich selbst (p). Es existieren unendlich viele Primzahlen. Überall auf der Welt laufen Projekte, möglichst tief in diesen unendlichen Raum der Primzahlen vorzustoßen. Eines davon heißt GIMPS und steht für Great Internet Mersenne Prime Search, in dessen Rahmen Privatpersonen ihre Computer für die Suche nach besonderen Primzahlen zur Verfügung stellen, den Mersenne-Zahlen. Die derzeit größte Mersenne-Zahl hat 7,8 Millionen Stellen. Diese besondere Form der Primzahl wurde nach dem im 17. Jhdt. lebenden französischen Mönch Marin Mersenne benannt. Eine Mersenne-Primzahl ist durch die Formel 2^p-1 zu errechnen (wobei P für die Primzahl steht). 7 ist beispielsweise eine Mersenne-Primzahl, weil 2^7, also 2 x 2 x 2 x 2 x 2 x 2 x 2, minus 1 die Summe 127 ergibt. Bislang (Stand: Juli 2007) wurden erst 44 dieser Mersenne-Primzahlen gefunden. Man nimmt aber an, daß es unendlich viele gibt.

Überzeugt Sie Ihre Selbstkritik?

Der Schweizer Schriftsteller Max Frisch beginnt sein »Tagebuch 1966 – 1971« mit einem »Fragebogen«, weitere folgen. Sie umfassen jeweils 25 Punkte, die sehr beiläufig sehr grundsätzliche Fragen stellen, wie man beim Versuch, sie zu beantworten, schnell feststellen wird. Einige Beispiele:

»Sind Sie sicher, daß Sie die Erhaltung des Menschengeschlechts, wenn Sie und alle Ihre Bekannten nicht mehr sind, wirklich interessiert?« ¿ »Überzeugt Sie Ihre Selbstkritik?« ¿ »Was, meinen Sie, nimmt man Ihnen übel und was nehmen Sie sich selber übel, und wenn es nicht dieselbe Sache ist: wofür bitten Sie eher um Verzeihung?« ¿ »Wenn Sie sich beiläufig vorstellen, Sie wären nicht geboren worden: beruhigt Sie diese Vorstellung?« ¿ »Wenn Sie an Verstorbene denken: wünschen Sie, daß der Verstorbene zu Ihnen spricht, oder möchten Sie lieber dem Verstorbenen noch etwas sagen?« ¿ »Lieben Sie jemand? - Und woraus schließen Sie das?«

Die Wörter und Unwörter des Jahres

Das Unwort des Jahres:

1991 ausländerfrei • 1992 ethnische Säuberung • 1993 Überfremdung • 1994 Peanuts • 1995 Diätenanpassung • 1996 Rentnerschwemme • 1997 Wohlstandsmüll • 1998 sozialverträgliches Frühableben • 1999 Kollateralschaden • 2000 national befreite Zone • 2001 Gotteskrieger • 2002 Ich-AG • 2003 Tätervolk • 2004 Humankapital • 2005 Entlassungsproduktivität • 2006 Freiwillige Ausreise • 2007 Herdprämie

Das Wort des Jahres:

1977 Szene • 1978 konspirative Wohnung • 1979 Holocaust • 1980 Rasterfahndung • 1981 Nullösung • 1982 Ellenbogengesellschaft • 1983 heißer Herbst • 1984 Umweltauto • 1985 Glykol • 1986 Tschernobyl • 1987 Aids, Kondom • 1988 Gesundheitsreform • 1989 Reisefreiheit • 1990 die neuen Bundesländer • 1991 Besserwessi • 1992 Politikverdrossenheit • 1993 Sozialabbau • 1994 Superwahljahr • 1995 Multimedia • 1996 Sparpaket • 1997 Reformstau • 1998 Rot-Grün • 1999 Millennium • 2000 Schwarzgeldaffäre • 2001 Der 11. September • 2002 Teuro • 2003 Das alte Europa • 2004 Hartz IV • 2005 Bundeskanzlerin • 2006 Fanmeile • 2007 Klimakatastrophe

Die beliebtesten Autos

Jahr	Modell	Diebstähle pro 1.000 Fahrzeuge dieses Modells
1992	VW Golf II GTI G60	36,7
1993	Mercedes 600 V12	45,8
1994	Mercedes 500 E	36,9
1995	VW Golf II GTI 16V	34,3
1996	Toyota Landcruiser Diesel J8	35,4
1997	Toyota Landcruiser Diesel J8	32,5
1998	Mercedes 500 E	27,0
1999	BMW M5	k.A.
2000	Toyota Landcruiser 4.2 D	30,0
2001	Toyota Landcruiser Diesel J10	31,1
2002	BMW X5 4.4	38,9
2003	BMW X5 4.4	33,7
2004	BMW X5 4.4	19,1
2005	Porsche Cayenne 4.5	16.4

Um die Beliebtheit eines Automodells zu eruieren, gibt es verschiedene Möglichkeiten. Eine von ihnen besteht darin, die Jahres-Statistiken des Gesamtverbandes der Deutschen Versicherungswirtschaft e.V. daraufhin durchzusehen, welches Modell bei den Dieben am beliebtesten war.

Redensarten, welche der Schriftsteller vermeidet, sie jedoch dem Leser beliebig einzuschalten überlässt

Goethe hegte eine Abneigung gegen nichtssagende Füllsel und legte daher unter diesem Titel eine entsprechende Liste unerträglicher Wörter an.

Aber
Gewissermaßen
Einigermaßen
Beinahe
Ungefähr
Kaum
Fast
Unmaßgeblich
Wenigstens
Ich glaube
Mich deucht
Ich leugne nicht
Wahrscheinlich
Vielleicht
Nach meiner Einsicht
Wenn man will
So viel mir bewusst
Wie ich mich erinnere
Wenn man mich recht berichtet
Mit Einschränkung gesprochen
Ich werde nicht irren
Es schwebt mir so vor
Eine Art von
Mit Ausnahme
Ohne Zweifel
Ich möchte sagen
Man könnte sagen
Wie man zu sagen pflegt
Warum soll ich nicht gestehen
Wie ich es nennen will
Nach jetziger Weise zu reden
Wenn ich die Zeiten nicht verwechsle
Irgend
Irgendwo
Damals
Sonst
Ich sage nicht zu viel
Wie man mir gesagt
Man denke nicht
Wie natürlich ist
Wie man sich leicht vorstellen kann
Man gebe mir zu
Zugegeben
Mit Erlaubnis zu sagen
Erlauben Sie mir
Aufrichtig gesprochen
Ohne Umschweife gesagt
Geradezu
Das Kind bei seinem Namen nennen
Verzeihung dem derben Ausdruck

Die Nachbemerkung Goethes lautete: »Vorstehende Sammlung, die sowohl zu scherzhaften als ernsten Betrachtungen Anlaß geben kann, entstand zur glücklichen Zeit, da der treffliche Fichte noch persönlich unter uns lebte und wirkte. Dieser kräftig entschiedene Mann konnte gar sehr in Eifer geraten, wenn man dergleichen bedingende Phrasen in den mündlichen oder wohl gar schriftlichen Vortrag einschob.«

Wichtige deutsche Gesetze

Bürgerliches Gesetzbuch § Gerichtsverfassungsgesetz § Gesetz zum Schutze der erwerbstätigen Mutter (Arbeitsrecht) § Gesetz über das Bundesverfassungsgericht § Gesetz über die Zahlung des Arbeitsentgelts an Feiertagen und im Krankheitsfall (Arbeitsrecht) § Handelsgesetzbuch § Jugendgerichtsgesetz § Kündigungsschutzgesetz (Arbeitsrecht) § Bundespolizeigesetz § Strafgesetzbuch § Strafprozeßordnung § Verwaltungsgerichtsordnung § Verwaltungsverfahrensgesetz § Wirtschaftsstrafgesetz § Zivilprozeßordnung

Die Berechnung der Himmelsrichtung mittels einer Armbanduhr

Um zu bestimmen, wo Süden liegt, muß man nichts anderes tun, als den kleinen Zeiger der Uhr genau auf die Sonne auszurichten. Als zweiter Anhaltspunkt dient die 12 auf dem Zifferblatt. Die Mitte zwischen dem kleinen Zeiger und der 12 bestimmt, wo SÜDEN liegt.

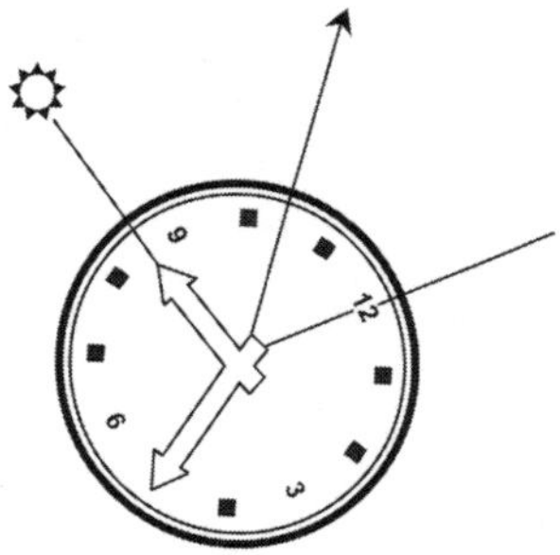

Die Frauen des Nick Knatterton

Mi-Tse Meyer *(Schaustellerin)* › **Barbara Beerbottle** *(fünffache Millionärswitwe)* › **Silvana Busonia** *(aufstrebendes Filmsternchen)* › **Virginia Peng** alias **Olga Kokottkaja** *(sog. Blume der Gosse)* › **Pryscilla Cornflake** *(herb-süß-schöne Farmerstochter)* › **Linda (Sieglinde) Knips-Knatterton** *(betreibt ein kleines Foto-Atelier)* › **Tilly Clipper** *(Luftstewardeß)* › **Rita Heuwurz** *(Sekretärin)* › **Tilly Tipp** *(Chefsekretärin)* › **Daisy Shrubber-Steel** *(mondäner Stammgast von Spielcasinos)* › **Dolly Doll** *(Tänzerin)* › **Mrs. Gwendolyn Spinster** *(Vorsitzende des »Vereins zum Schutze der Schloßgeister und Spukgestalten«)*

Im Dezember 1950 wurde Meisterdetektiv Nick Knatterton geboren. Er war eigentlich als deutsche Parodie auf US-Comics wie »Superman« gedacht. Aber die Persiflage ging gründlich daneben: Knatterton avancierte zum Volks- und Filmhelden, aus dessen »Kombiniere«-Abenteuern sogar im Bonner Bundestag zitiert wurde. Vom Waschlappen bis zum Schnaps zierte Knattertons Konterfei Dutzende Produkte – ein erster Vorgeschmack auf das Phänomen »Merchandising«. Und natürlich waren Nicks Frauen einer der Gründe für seinen Erfolg. Sie unterschieden sich hauptsächlich durch ihre Busenform: pieksig (Daisy Spitz, Mi-Tse Meyer), platt (Lady Plettbratt, Barbara Beerbottle), prall (all die vielen anderen, insbesondere Silvana Busonia). Ja, es ging sogar das Gerücht, der Knatterton-Erfinder Manfred Schmidt benutze einen Stempel für den richtigen Schwung! Tatsache ist jedenfalls, daß diese Formen für den Nachdruck im Ausland damals wichtig waren: Für die holländische Zeitung »Volkskrant« mußten tausende pralle Busen und Popos abgeflacht werden, für die türkische Zeitung »Milliyet« wurden dagegen die bereits gewaltigen Ober- und Hüftweiten nochmals erweitert.
Nur wenige von ihnen haben auch anderswo Format – eigentlich nur die schwarzgelockte Virginia Peng, die in gleich mehreren Abenteuern auftaucht (»Der Schuß in den künstlichen Hinterkopf«, »Die Goldader von Bloody Corner«, »Der indische Diamantenkoffer« – als angebliche Gräfin Olga Kokottkaja –, »Der Drohbrief im Pyjama«), auf den meisten Bildchen mit Schönheitsfleck unter dem linken Auge. Die »Blume der Gosse« betreibt meist Zirkus, Kneipe oder Bar sowie undurchsichtige Geschäfte. Doch trotz ihres Hanges zur Halbwelt fühlt sie sich immer wieder zum gesetzestreuen Nick hingezogen – allerdings heiratet der dann ja leider Linda (eigentlich Sieglinde) Knips!

Die sieben Weltmeere

Indischer Ozean ~ Nordatlantik ~ Nördlicher Stiller Ozean ~ Nördliches Eismeer ~ Südatlantik ~ Südlicher Stiller Ozean ~ Südliches Eismeer

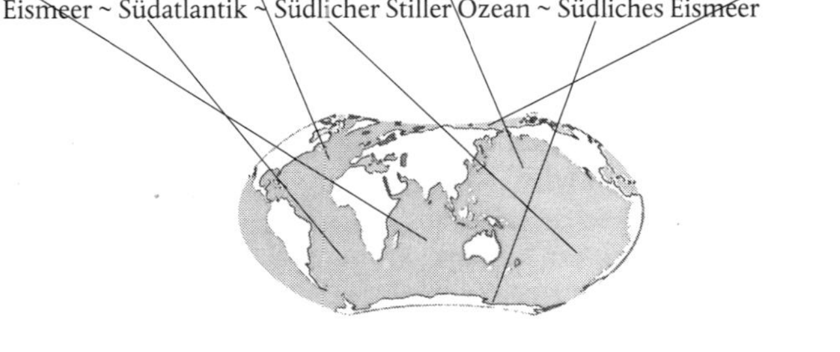

Wie Pippi Langstrumpf wirklich heißt

Bart Simpson: Bartholomew Jojo Simpson – **Bert Brecht**: Eugen Berthold Friedrich Brecht – **Giuseppe Verdi**: Giuseppe Fortunino Francesco Verdi – **Hadschi Halef Omar**: Hadschi Halef Omar Ben Hadschi Abul Abbas Ibn Hadschi Dawud al Gossarah – **Karl Marx**: Karl Heinrich Marx – **Wolfgang Amadeus Mozart**: Johannes Chrysostomus Wolfgangus Theophilus Mozart – **Nero**: Lucius Domitius Ahenobarbus Nero Claudius Caesar Augustus Germanicus – **Pippi Langstrumpf**: Pippilotta Viktualia Rollgardina Pfefferminz Efraimstochter Langstrumpf – **Luis Figo**: Luis Felipe Madeira Caeiro Figo – **Willy Brandt**: Herbert Ernst Karl Frahm – **Greta Garbo**: Greta Lovisa Gustafsson

Internationale Notruf-Telephonnummern

	Polizei	Rettung	Feuerwehr	Notruf Handy
Dänemark	112	112	112	112
Deutschland	110	112	112	112
Frankreich	17	15	18	112
Griechenland	100	166	199	112
Großbritannien	999	999	999 / 112	112
Italien	113	118	115	112
Österreich	133	144	122	112
Schweden	90000	90000	112	112
Schweiz	117	144	118	112

Nemo & Co

©

© TOY STORY © DAS GROSSE KRABBELN © TOY STORY II ©
© MONSTER AG © FINDET NEMO © DIE UNGLAUBLICHEN ©
© RATATOUILLE © CARS ©©

In seiner kurzen Geschichte hat das amerikanische Studio Pixar diese acht Trickfilme produziert und insgesamt 20 Oscars gewonnen. Sie haben nicht nur deshalb Geschichte geschrieben, weil mit Toy Story im Jahr 1995 der erste Trickfilm entstand, der vollkommen mittels Computer produziert wurde, sondern auch deshalb, weil alle acht Filme zu großen Erfolgen wurden. Das Trickfilm-Studio Pixar residiert in Emeryville (Kalifornien), wird von Steve Jobs geleitet, der die Computerfirma Apple gründete, und ist für die beinahe paradiesischen Zustände bekannt, die es seinen Angestellten bietet. 2006 hat The Walt Disney Company Pixar für über 6 Mrd. Euro übernommen.

Bekannte Persönlichkeiten und deren erlernte Berufe

Bäcker & Konditor › Heino › Jürgen Klinsmann · **Betonbauer** › Mike Krüger · **Chemigraph** › Peter Maffay · **Dachdecker** › Erich Honecker · **Elektriker** › Karel Gott · **Hotelkauffrau** › Bärbel Schäfer · **Jurist** › Michel Friedman · **Lehrer** › Thomas Gottschalk · **Medizinstudent** › Giorgio Armani · **Metzger** › Stefan Raab · **Kirchenmusiker** › Harald Schmidt · **Physikerin** › Angela Merkel · **Raumausstatter** › Lothar Matthäus · **Rinderzüchter** › Gregor Gysi · **Schlosser** › Georg Hackl · **Schneiderin** › Verona Feldbusch · **Schreinerin** › Alice Schwarzer · **Taucher** › Prinz Frederik von Dänemark · **Taxifahrer** › Joschka Fischer · **Textilingenieurin** › Jil Sander · **Theaterwissenschaftlerin** › Arabella Kiesbauer · **Verkäuferin** › Gunda Niemann-Stirnemann · **Wertpapierkaufmann** › Kai Pflaume · **Schriftsetzer** › Franz Jonas

Spekulationen und Theorien über das Aussterben der Saurier

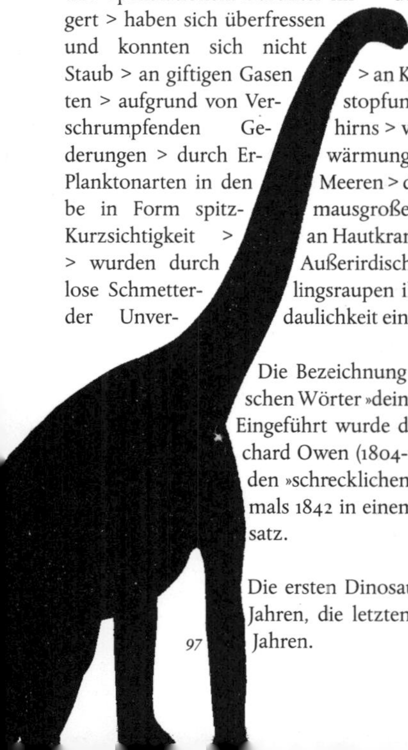

Über die Gründe für das Aussterben der Saurier existiert eine Unzahl von Theorien und Spekulationen. Darunter finden sich folgende: **DINOSAURIER** > sind verhungert > haben sich überfressen > wurden vergiftet > erblindeten am grauen Star und konnten sich nicht mehr fortpflanzen > starben an vulkanischem Staub > an giftigen Gasen > an Kometen > durch Sonnenflecken > durch Meteoriten > aufgrund von Verstopfung > aufgrund von Parasiten > aufgrund eines schrumpfenden Gehirns > verschobener Gelenkscheiben > durch Luftveränderungen > durch Erwärmung der Atmosphäre > durch Veränderung der Planktonarten in den Meeren > durch Meteoriteneinschlag > durch kleine Eierdiebe in Form spitzmausgroßer Säugetiere > durch Naturkatastrophen > an Kurzsichtigkeit > an Hautkrankheiten > an Langeweile > an Massenselbstmord > wurden durch Außerirdische ausgerottet > wurden durch natürlich-feindlose Schmetterlingsraupen ihrer Nahrungsgrundlage beraubt > starben an der Unverdaulichkeit einer neuen Blütenpflanze.

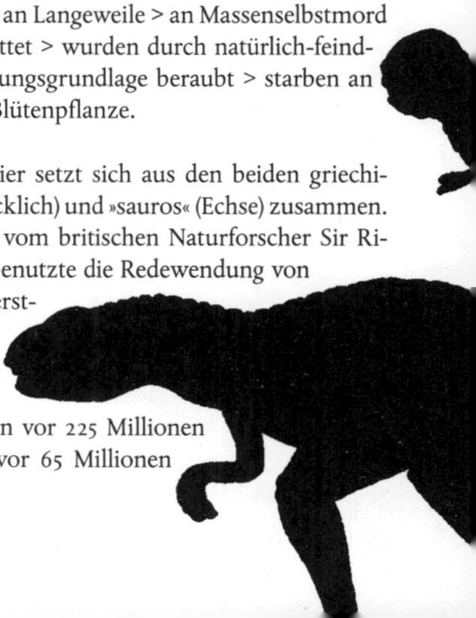

Die Bezeichnung Dinosaurier setzt sich aus den beiden griechischen Wörter »deinos« (schrecklich) und »sauros« (Echse) zusammen. Eingeführt wurde der Begriff vom britischen Naturforscher Sir Richard Owen (1804-1892). Er benutzte die Redewendung von den »schrecklichen Echsen« erstmals 1842 in einem Fachaufsatz.

Die ersten Dinosaurier lebten vor 225 Millionen Jahren, die letzten starben vor 65 Millionen Jahren.

Die griechischen Schiffe, gegen Troja ziehend

Im zweiten Gesang der Ilias listet Homer genauestens jene Schiffs-Kontingente auf, die die griechischen Völker im Kampf gegen Troja stellen: »Schwerlich könnte die riesige Zahl ich beschreiben und nennen, wenn ich auch zehn Zungen, zehn redende Münder, auch eine niemals versagende Stimme und eherne Lunge besäße, sagten mir nicht die Töchter des aigisschwingenden Gottes, die olympischen Musen, die Menge der Ilionfahrer. Führer der Schiffe nur möchte ich nennen und sämtliche Schiffe.«

(Zeile 488-493 bzw. Seite 36, Homer: Ilias, Berlin Weimar 1983, übersetzt von Dietrich Ebener)

Volk	Schiffe	Volk	Schiffe
Mykener, Korinther	100	Volk von Phylake	40
Bewohner von Pylos	90	Volk von Ormenion	40
Achaier, Bewohner von Argos	80	Volk von Argissa, Gyrtone	40
Kreter	80	Magneter	40
Lakedaimonier, Bewohner von Sparta	60	Minyer	30
Arkader	60	Bewohner von Nisyros, Krapathos, Kos	30
Boioter	50	Bewohner Trikkas, Oichalias	30
Athener	50	Eniënen	22
Myrmidonen, Hellenen, Achaier	50	Bewohner von Salamis	12
Phoker	40	Kephallenen	12
Lokrer	40	Bewohner von Pherai, Boibe,	
Abanten	40	Glaphyrai, Iolkos	11
Bewohner Buprasions, Epeier	40	Bewohner von Rhodos	9
Bewohner von Echinai und Dulichion	40	Methoner, Thaumakier, Meliboiaser	9
Aitoler	40	Bewohner von Syme	3

Diese Liste nennt nur eine Auswahl der gegen Troja ziehenden griechischen Völker

Die vier edlen Wahrheiten des Buddhismus

1. *Das Leben im Daseinskreislauf ist letztlich leidvoll. Dies ist zu durchschauen.*
2. *Die Ursachen des Leidens sind Gier, Haß und Verblendung. Sie sind zu überwinden.*
3. *Erlöschen die Ursachen, erlischt das Leiden. Dies ist zu verwirklichen.*
4. *Zum Erlöschen des Leidens führt ein Weg, der* **Edle Achtfache Pfad.** *Er ist zu gehen.*

Der Edle Achtfache Pfad: Rechte Ansicht • Rechtes Denken • Rechte Rede • Rechte Handlung • Rechter Lebenserwerb • Rechte Anstrengung • Rechte Achtsamkeit • Rechte Konzentration

Die Ergebnisse der Super-Bowl-Spiele

I	1967	Green Bay Packers - Kansas City Chiefs	35-10
II	1968	Green Bay Packers - Oakland Raiders	33-14
III	1969	New York Jets - Baltimore Colts	16-7
IV	1970	Kansas City Chiefs - Minnesota Vikings	23-7
V	1971	Baltimore Colts - Dallas Cowboys	16-13
VI	1972	Dallas Cowboys - Miami Dolphins	24-3
VII	1973	Miami Dolphins - Washington Redskins	14-7
VIII	1974	Miami Dolphins - Minnesota Vikings	24-7
IX	1975	Pittsburgh Steelers - Minnesota Vikings	16-6
X	1976	Pittsburgh Steelers - Dallas Cowboys	21-17
XI	1977	Oakland Raiders - Minnesota Vikings	32-14
XII	1978	Dallas Cowboys - Denver Broncos	27-10
XIII	1979	Pittsburgh Steelers - Dallas Cowboys	35-31
XIV	1980	Pittsburgh Steelers - Los Angeles Rams	31-19
XV	1981	Oakland Raiders - Philadelphia Eagles	27-10
XVI	1982	San Francisco 49ers - Cincinnati Bengals	26-21
XVII	1983	Washington Redskins - Miami Dolphins	27-17
XVIII	1984	Los Angeles Raiders - Washington Redskins	38-9
XIX	1985	San Francisco 49ers - Miami Dolphins	38-16
XX	1986	Chicago Bears - New England Patriots	46-10
XXI	1987	New York Giants - Denver Broncos	39-20
XXII	1988	Washington Redskins - Denver Broncos	42-10
XXIII	1989	San Francisco 49ers - Cincinnati Bengals	20-16
XXIV	1990	San Francisco 49ers - Denver Broncos	55-10
XXV	1991	New York Giants - Buffalo Bills	20-19
XXVI	1992	Washington Redskins - Buffalo Bills	37-24
XXVII	1993	Dallas Cowboys - Buffalo Bills	52-17
XXVIII	1994	Dallas Cowboys - Buffalo Bills	30-13
XXIX	1995	San Francisco 49ers - San Diego Chargers	49-26
XXX	1996	Dallas Cowboys - Pittsburgh Steelers	27-17
XXXI	1997	Green Bay Packers - New England Patriots	35-21
XXXII	1998	Denver Broncos - Green Bay Packers	31-24
XXXIII	1999	Denver Broncos - Atlanta Falcons	34-19
XXXIV	2000	St. Louis Rams - Tennessee Titans	23-16
XXXV	2001	Baltimore Ravens - New York Giants	34-7
XXXVI	2002	New England Patriots - St. Louis Rams	20-17
XXXVII	2003	Tampa Bay Buccaneers - Oakland Raiders	48-21
XXXVIII	2004	New England Patriots - Carolina Panthers	32-29
XXXIX	2005	Philadelphia Eagles - New England Patriots	24-21
XL	2006	Pittsburgh Steelers - Seattle Seahawks	21-10
XLI	2007	Indianapolis Colts - Chicago Bears	29-17

Das wichtigste und meistgesehene Sportereignis der USA ist die Super Bowl, die regelmäßig am letzten Wochenende im Januar (Super Bowl Sunday) stattfindet: das Meisterschaftsfinale im amerikanischen Profi-Football (NFL). Dabei treten die Gewinner der beiden Ligen American Football Conference (AFC) und National Football Conference (NFC) zum Endspiel an; die NFL besteht aus insgesamt 32 Vereinen, die in den beiden erwähnten Conferences organisiert sind. Die erfolgreichsten Teams sind die San Francisco 49ers und die Dallas Cowboys mit je fünf Siegen.

Die zehn am einfachsten und am schwierigsten zu merkenden Zahlen zwischen 1 und 100

Die einfachsten Zahlen

8, 1, 100, 2, 17, 5, 9, 10, 99, 11

Die schwierigsten Zahlen

82, 56, 61, 94, 85, 45, 83, 59, 41, 79

Diese Auflistung beruht auf einer Untersuchung, die Marisca Milikowski und Jan J. Elshout unternommen haben und 1995 im British Journal of Psychology unter dem Titel »What makes numbers easy to remember?« publizierten (auf den weder schönen noch häßlichen Seiten 537 bis 547). Des weiteren erhoben sie noch die zehn schönsten und die zehn häßlichsten Zahlen zwischen 1 und 100.

Die sieben Schöpfungstage Gottes

1. Tag Licht **2. Tag** Himmel **3. Tag** Land, Meer, Pflanzen, Bäume **4. Tag** Sonne, Mond, Sterne **5. Tag** Meerestiere, Vögel **6. Tag** Tiere auf dem Land, Mann und Frau **7. Tag** Heilige Ruhe

Deutsche Orte der Liebe inkl. Postleitzahlen

55767 › Abentheuer ♥ 63916 › Amorbach ♥ 88481 › Balzheim ♥ 14669 › Gutenpaaren ♥ 18356 › Gutglück ♥ 16278 › Herzsprung ♥ 79856 › Hinterzarten ♥ 79790 › Küssaberg ♥ 38704 › Liebenburg ♥ 15868 › Lieberose ♥ 04758 › Mannschatz ♥ 01623 › Mögen ♥ 06295 › Neckendorf ♥ 06126 › Neuglück ♥ 02956 › Neuliebel ♥ 04924 › Oschätzchen ♥ 96269 › Großheirath

Diese Ortschaften finden sich im Postleitzahlenbuch, das die Deutsche Bundespost 1994 zur Einführung der neuen, fünfstelligen Postleitzahlen herausgab.

Die Wetterlage während einiger historischer Ereignisse

Die Israeliten unter Moses fliehen durch das Rote Meer: Starke Gezeiten und starker Wind, die die Wasser zurückgehen und die Israeliten entkommen lassen • *Schlacht bei Gaugamela* (331 v. Chr.): große Trockenheit, starke Staubentwicklung mit erheblicher Sichtbehinderung, so daß Alexander und sein Heer einen großen Vorsprung vor der riesigen Vielvölkerarmee des Perserkönigs Dareios gewinnen • *Schlacht im Teutoburger Wald* (9 n. Chr.): Heftiger Regen und Sturm, Bäume stürzen auf die römischen Heere unter Varus, Verwirrung; die Germanen schlagen die Römer vernichtend • *1. Türkenbelagerung im Oktober* (1529): Winter setzt früh ein, Suleiman II., der Wien mit 300.000 Türken belagert, muß abziehen • *Seeschlacht im Ärmelkanal* (1588): Schwerste Stürme, so daß die spanische Armada, die mehrere Schlachten gegen die Flotte Elisabeths I. von England führte, nicht in England landen kann • *Französische Revolution* (1789): Schwere Sommergewitter über Paris prägen maßgeblich den Verlauf der Ereignisse • *Königgrätz* (1866): Regen, schlechte Wegeverhältnisse, so daß bei der entscheidenden Schlacht am 3. 7. 1866 die Elbarmee erst mit einem halben Tag Verspätung gegen die österreichisch-sächsische Stellung eingesetzt werden kann • *Schlacht um Stalingrad* (Winter 1942/43): Russischer Winter mit über 40 Grad Kälte, blockierte Zufuhr von Nahrungsmitteln; allgemeine Erschöpfung kostet 150.000 Soldaten das Leben.

Abracadabra

Die Herkunft dieses als Zauberwort geltenden Begriffs ist unklar, in manchen Quellen wird auf einen angeblich arabischen Ursprung verwiesen. Manche sind davon überzeugt, daß es – in der untenstehenden Form gestaltet und um den Hals getragen – den Träger gesund erhält.

A B R A C A D A B R A
A B R A C A D A B R
A B R A C A D A B
A B R A C A D A
A B R A C A D
A B R A C A
A B R A C
A B R A
A B R
A B
A

Zentrale Haltestellen einiger europäischer Großstädte

Amsterdam Ⓗ Leidseplein. **Athen** Ⓗ Syntagma. **Barcelona** Ⓗ Plaza Catalunya. **Berlin** Ⓗ Friedrichstraße. **Brüssel** Ⓗ De Brouckère. **Hamburg** Ⓗ Jungfernstieg. **London** Ⓗ Oxford Circus. **Madrid** Ⓗ Sol. **Mailand** Ⓗ Repubblica. **Moskau** Ⓗ Borowitzkaja. **München** Ⓗ Marienplatz. **Paris** Ⓗ Les Halles. **Prag** Ⓗ I. P. Pavlova. **Rom** Ⓗ Termini. **Wien** Ⓗ Stephansplatz. **Zürich** Ⓗ Paradeplatz

Die wilde 13

Antonio | Emilio | Fernando | Ignazio | Ludowico | Maximiliano
Nikolo | Rudolfo | Sebastiano | Theodoro | Ulrico | Xaviero

In seinem Buch »Jim Knopf und die Wilde 13« beschreibt Michael Ende eine Gruppe schlimmer Piraten, die ein Schiff mit blutroten Segeln besitzen. Sie tragen Pluderhosen und Stulpenstiefel, ihre langen Schnurrbärte reichen bis zu den Gürteln, die wiederum voll mit Messern, Pistolen und Dolchen stekken; sie haben Goldringe in den Ohren, Hakennasen, engstehende Augen und gelbe Pferdezähne; sie trinken am liebsten Schnaps der Marke »Drachengurgel«, fluchen fürchterlich (»Kraken, Haifisch und Muränen! Hölle, Tod und Drachenspucke!«) und verschleppen kleine Kinder. Sie sind bärenstark und gefährlich, nur sehr klug sind sie nicht: Sie können nicht zählen; lesen und schreiben kann jeder nur einen einzigen Buchstaben. Und sie sind sich so ähnlich, daß »sie sich sogar gegenseitig nicht auseinanderhalten konnten, ja nicht einmal sich selbst vermochte einer vom anderen zu unterscheiden. Deshalb hatten sie auch keine Namen, sie waren einfach alle zusammen die Wilde 13.«

Der Piraten-Chef ist immer der, der gerade den roten Hauptmannsstern am Hute trägt. Bis der kleine Lokomotivführer Jim Knopf sie besiegt, indem er ihnen den roten Stern stiehlt, sie anführerlos und getreu einer alten Weissagung »das Ungrade gerade« macht: Denn es waren nur zwölf! Die dummen Piraten hatten immer falsch gerechnet – nämlich zwölf plus ein Hauptmann ergebe 13, dabei war der Hauptmann doch stets einer von ihnen. Die Wilde 13 hatte es nie gegeben!

Die Piraten waren am Boden zerstört – bis Jim jedem etwas schenkte: einen eigenen Namen, ausgedacht nach dem einzigen Buchstaben, den jeder der zwölf Brüder beherrschte. Und fortan konnten sie sich unterscheiden und waren als die »Zwölf Unbesiegbaren« die Beschützer aller Kinder.

Die Autos von James Bond

Sunbeam Alpine Series 5	JAMES BOND 007 JAGT DR. NO	*Sean Connery*	1962
Bentley Mark IV	LIEBESGRÜSSE AUS MOSKAU	*Sean Connery*	1963
Aston Martin DB5	GOLDFINGER	*Sean Connery*	1964
Aston Martin DB5	FEUERBALL	*Sean Connery*	1965
Toyota 2000 GT Cabrio	MAN LEBT NUR ZWEIMAL	*Sean Connery*	1967
Aston Martin DBS	IM GEHEIMDIENST IHRER MAJESTÄT	*George Lazenby*	1969
Ford Mustang Mach 1	DIAMANTENFIEBER	*Sean Connery*	1971
Londoner Doppeldeckerbus	LEBEN UND STERBEN LASSEN	*Roger Moore*	1973
AMC Hornet Hatchback	DER MANN MIT DEM GOLDENEN COLT	*Roger Moore*	1974
Lotus Esprit	DER SPION, DER MICH LIEBTE	*Roger Moore*	1977
Venezianische Gondel	MOONRAKER – STRENG GEHEIM	*Roger Moore*	1979
Lotus Esprit / Citroën 2 CV	IN TÖDLICHER MISSION	*Roger Moore*	1981
Alfa Romeo GTV / Mercedes 250 SE	OCTOPUSSY	*Roger Moore*	1983
Rolls Royce / Renault 11	IM ANGESICHT DES TODES	*Roger Moore*	1985
Aston Martin V8 Vantage	DER HAUCH DES TODES	*Timothy Dalton*	1987
Panzer	LIZENZ ZUM TÖTEN	*Timothy Dalton*	1989
BMW Z3	GOLDENEYE	*Pierce Brosnan*	1995
BMW 750 iL	DER MORGEN STIRBT NIE	*Pierce Brosnan*	1997
BMW Z8	DIE WELT IST NICHT GENUG	*Pierce Brosnan*	1999
Aston Martin V12 Vanquish	STIRB AN EINEM ANDEREN TAG	*Pierce Brosnan*	2002
Aston Martin DBS	CASINO ROYALE	*Daniel Craig*	2006

Kleine Umrechnungstabelle Bruchzahlen – Prozente

%	Bruch
1	1/100
2	1/50
4	1/25
5	1/20
10	1/10
20	1/5
25	1/4
33,33	1/3
37,5	3/8
40	2/5
50	1/2
60	3/5
62,5	5/8
66,66	2/3
75	3/4
80	4/5
83,33	5/6
100	1

Verstreute Filmzitate

Falls ich in 5 Minuten nicht zurück sein sollte, warten Sie einfach ein bißchen länger …
Ace Ventura

Ich glaube, dies ist der Beginn einer wundervollen Freundschaft …
Casablanca

Keine Feier ohne Geier …
Das Dschungelbuch

Ich erblickte das Licht der Welt in Form einer 60-Watt-Glühbirne …
Die Blechtrommel

Das sieht doch jeder, daß ich kein polnischer Graf bin …
Victor/Victoria

Verhaften Sie die üblichen Verdächtigen!
Casablanca

Ziehen sie Ihre Angel wieder ein, Mr. Feelding, ich bin der falsche Fisch …
Manche mögen's heiß

Mir scheint die Son
aus dem Arsch!
From Dusk till Dawn

Männer und Frauen können keine Freunde sein. …
Harry und Sally

Colonel!! Wenn ich nicht wüßte, Sie waren's, würde ich sagen, Sie sind's!
True Lies

Mögen wir, wenn wir alt und senil geworden sind, mit Stolz sagen können, auch ich wurde einmal angebetet …
Vier Hochzeiten und ein Todesfall

Man kann Martini doch nicht ohne Oliven trinken. Das wäre ja glatter Kulturbolschewismus …
M.A.S.H.

Mr. Anderson! Sind Sie ein Mann oder eine Amöbe?
Der Club der toten Dichter

Macht ihn durchsichtig! …
Staatsfeind Nr. 1

Shelly, es schellt …
Jason King

Nimm ein Taschentuch, mein Kind. In den entscheidenden Augenblicken deines Lebens hattest du nie ein Taschentuch …
Vom Winde verweht

Einige biblische Finsterlinge und wo sie zu finden sind

Antichrist:
2 Thess 2,1-12; 1 Joh 2,18; Offb 13

Barabbas:
Mt 27, 16-26

Beelzebub:
2 Kön 1,2

Falscher Apostel:
2 Kor 11,5;12,11; Offb 2,2

Gefallener Engel:
2 Petr 2,4

Geldwechsler:
Mt 21,12; Mk 11,15; Joh 2,14

Herodes:
Mt 2,1-23; Lk 1,5

Händler:
Hiob 40,30-31; Hos 12,8; Nah 3, 16-17; Mt 21,12; Mk 11,15; Lk 19,45-46; Joh 2,14

Judas Iskariot:
Mt 10,4; 26,14.25.47; 27,3; Mk 3,19; 14,10.43; Lk 22,3.47f; Joh 6,71; 12,4; 13,2.26.29; 18,2f.5; Apg 1,16.25

Kain:
Gen 4,1-25; Hebr 11,4; 1 Joh 3,12; Jud 11

Pharisäer:
Mt 3,7; 5,20; 9,11.14.34; 12,2.14.24.38; 15,1.12; 16,1.6.11.12; 19,3; 21,45;22,15.34.41; 23,2.13.14.22.24.25.26.28; 27,62; Mk 2,16.18.24; 3,6; 7,1.3.5; 8,11.15; 10,2; 12,13; Lk 5,17.21.30; 6,2.7; 7,30.36.37.39; 11,37.38.39.42.43.53; 13,31; 14,1.3; 15,2; 16,14; 17,20; 18,10.11; 19,39; Joh 1,24; 3,1; 4,1; 7,32.45.47.48; 8,3.13; 9,13.15.16.40; 11.46.47.57; 12, 19.42; 18,3; Apg 5,34; 15,5; 23,6.7.8.9; 26,5; Phil 3,5

Philister:
1.Chr 10,8; Jer 47,4; Hes 25,16; Am 1,8 u.v.a.

Satan und seine Engel:
2 Kor 11,14; 12,7; Offb 12, 7-8

Zöllner:
Mt 5,46; 9,9-11; 10,3; 11,19; 18,17; 21,31f.; Mk 2,14-16; Lk 3,12; 5,27.29f; 7,29.34; 15,1; 18,10f.13; 19,1-10

Quendel, der (Thymus serpyllum)

Das Würz- und Heilkraut namens Quendel, auch Wilder Thymian genannt, gehört zur Familie der Lippenblütler (Lamiaceae oder Labiatae) und wird in Bayern und Österreich auch Karwendel genannt (Karwendelgebirge!). In altgermanischer Zeit der Freya geweiht, später der Jungfrau Maria. Im Mittelalter verbreitet in Klostergärten, die Mönche schätzten das aus dem Quendelgrün gewonnene ätherische Öl (Thymol) gegen Katarrhe; später typisches Bauerngartengewächs. Eines der wichtigsten Kräuter in der Medizin der Hildegard von Bingen, die von Pickel bis zur Vergeßlichkeit alles mit Quendel kurieren wollte. Die Staude hat eiförmige kleine Blätter und rote oder weißliche Blüten, die köstlich duften und Bienen anziehen. Quendel würzt wie Echter Thymian Suppen, fettes Fleisch und blähendes Gemüse, denn seine Inhaltsstoffe erleichtern es, schwere Kost zu verdauen.

Diverse erstmalige Weltumrundungen

1519 > Dem Portugiesen *Ferdinand Magellan* gelingt die erste Weltumsegelung 🏁 **1872** > *Phileas Fogg* reist in 80 Tagen um die Welt 🏁 **1898** > *Joshua Slocum* (USA) beendet die erste Einhand-Weltumsegelung 🏁 **1929** > unternimmt Dr. Hugo Eckener mit einem Zeppelin namens »Graf Zeppelin« von Friedrichshafen aus eine Weltumrundung, die 20 Tage später ebenda endet. Mit an Bord: 20 Passagiere, 41 Mann Besatzung und 400 Kilo Luftpost. 🏁 **1961** > Der Russe *Juri Gagarin* ist der erste Raumfahrer, der die Erde umrundet 🏁 **1986** > Die erste Erdumrundung durch eine *British Airways Concorde* mit einer Flugdauer von 29 Stunden und 59 Minuten bei 28.238 zurückgelegten Meilen 🏁 **1978** >*Krystyna Chojnowsja-Liskiewwicz* (Polen) vollendet als erste Frau eine Einhand-Weltumsegelung 🏁 **2002** > Der Amerikaner *Steve Fossett* umrundet als erster Mensch mit einem Heißluftballon alleine die Erde 🏁 **2004/2005** > *Ellen MacArthur* umsegelt allein in einem Trimaran in 71 Tagen die Welt 🏁 **2005** > *Steve Fossett* umrundet in 3 Tagen in einem Nonstop-Flug die Welt 🏁 **2007** > *Louis Palmer* startet im Juli eine Weltreise im ersten Solarmobil

Europäische Städte und ihre Namen

Italienisch	*Englisch*	*Französisch*	*Deutsch*
Zurigo	Zurich	Zurich	Zürich
Vienna	Vienna	Vienne	Wien
Varsavia	Warsaw	Varsovie	Warschau
Venezia	Venice	Venise	Venedig
Roma	Rome	Rome	Rom
Ratisbona	Ratisbon	Ratisbonne	Regensburg
Praga	Prague	Prague	Prag
Parigi	Paris	Paris	Paris
Nizza	Nice	Nice	Nizza
Napoli	Naples	Naples	Neapel
Monaco di Baviera	Munich	Munich	München
Milano	Milan	Milan	Mailand
Lisbona	Lisbon	Lisbonne	Lissabon
Colonia	Cologne	Cologne	Köln
Amburgo	Hamburg	Hambourg	Hamburg
Genova	Genoa	Gênes	Genua
Ginevra	Geneva	Genève	Genf
Francoforte sul Meno	Frankfurt on the Main	Francfort-sur-le-Main	Frankfurt am Main
Firenze	Florence	Florence	Florenz
Bruxelles	Brussels	Bruxelles	Brüssel
Berlino	Berlin	Berlin	Berlin

Klassische Brettspiele

Halma – Mühle – Schach – Dame – Go – Backgammon – Malefiz – Monopoly – Mensch ärgere Dich nicht – Mahjongg – Scrabble

Die besten Sitze in einem Flugzeug

Unter dem Aspekt der Bequemlichkeit sind die besten Sitze rasch gefunden: Die mit der größten Beinfreiheit und die mit den hemmungslosesten Möglichkeiten, sie nach hinten zu kippen. Unter dem Sicherheitsaspekt ist die Frage nicht zu beantworten: Die Experten sind sich darin einig, daß es keinen Platz gibt, der im Falle eines Unglücks höhere Überlebenschancen garantiert als ein anderer – zu unterschiedlich seien die Arten der Flugzeugunglücke. Es schadet sicher nicht, sich in die Nähe eines Ausstiegs zu setzen. Doch um im Falle eines Unglücks schnell das Flugzeug verlassen zu können, muß man den Mechanismus kennen, mit dessen Hilfe sich die Türe öffnen läßt. Er unterscheidet sich von Hersteller zu Hersteller.

Die elf unserem Sonnensystem am nächsten liegenden Sterne

Proxima Centauri
4,28 Lichtjahre = ca. 40.491.000.000.000 km

Alpha Centauri A
4,37

Alpha Centauri B
4,37

Barnards Stern
5,8

Wolf 359
7,6

Lalande 21185
8,13

Sirius A
8,7

Sirius B
8,7

Luyten 726-8A
8,88

Ross 154
9,44

Ross 248
10,28 = ca. 97.254.000.000.000 km

1 Lichtjahr = 9,461 Billionen Kilometer = 9.461.000.000.000 km

Wollte man die Entfernung der Erde zu Proxima Centauri hier graphisch verdeutlichen und durch einen senkrechten Strich über die gesamte Länge dieser Seite (18,5 cm) darstellen, müßte die Entfernung der Erde zur Sonne (immerhin 149 Millionen Kilometer) durch einen 0,00068 Millimeter langen Strich symbolisiert werden.

Besser veranschaulichen läßt sich das Größenverhältnis auf folgende Weise: Wenn man die Entfernung der Erde zur Sonne durch einen 5 cm langen Balken darstellt,

müßte man den uns nächsten Stern – Proxima Centauri – in 14 *Kilometer* Entfernung zeichnen, also am Ende einer Strecke, die man joggend in gut 1 Stunde zurücklegt. Die Entfernung zum Ross 248 entspräche mit 33,8 Kilometern etwa der Distanz zwischen Frankfurt am Main und Mainz.

Gebräuchliche Zeitungsformate

Tabloid	235 x 315 mm	Bild am Sonntag
Berliner Format	315 x 470	taz, Der Standard (Ö)
Schweizer Format	320 x 475	Neue Züricher Zeitung (CH)
Rheinisches Format	350 x 510	Stuttgarter Zeitung, Rheinische Post
Nordisches Format	400 x 570	Frankfurter Allgemeine Zeitung, Die Zeit

Die Geschichte des Streichholzes

Ein Ire hatte es schon 1680 versucht, ein Franzose 1817, doch erst ein Engländer erfand das, wovon allein die Amerikaner heutzutage 500 Milliarden Stück jährlich verbrauchen: das Streichholz. John Walker, ein Apotheker in Stockton-on-Tees, rührte 1826 in seinem Labor mit einem Holzstöckchen eine neue Sprengstoffmischung aus Schwefelantimon, Kaliumchlorat, Gummiharz und Stärke an. Um einen angetrockneten Klumpen zu entfernen, rieb er den Stock über den Boden – und die Spitze entzündete sich. Walker stellte noch mehr Streichhölzer her, die er zum Entzünden zwischen zwei Sandpapierstreifen durchzog, und führte im Freundeskreis und anderswo seine Erfindung vor, meldete jedoch nie ein Patent an.

Erst Samuel Jones, ein wirtschaftlich gewiefter Zuschauer, beschloß, Zündhölzer unter dem Namen »Lucifers« en masse zu produzieren: Zwar stanken sie so schrecklich, daß die Schachteln Warnhinweise erhielten, die Dämpfe nicht einzuatmen, dennoch stieg nach dem Aufkommen der Zündhölzer der Verbrauch von Tabak in jeglicher Form stark an. Den Franzosen war das stinkige Streichholz zuwider, sie entwickelten 1830 eine geruchsfreundlichere und länger brennende Variante – die sich allerdings bereits bei der kleinsten Reibung entzündete und, schlimmer noch, durch die Verwendung von weißem Phosphor hochgiftig in der Herstellung war. Tausende Brände waren die Folge, Tausende von Arbeitern in den Streichholzfabriken bekamen Phosphornekrose, eine Vergiftung des Knochengerüsts, insbesondere des Kiefers.

Erst 1911 kam Abhilfe aus Amerika: Die Diamond Match Company brachte ein Streichholz auf den Markt, das statt Phosphor das ungiftige Diphosphorpentasulfid verwendete und sich zudem erst bei einer Temperatur entzündete, die um 55 Grad höher lag als bei den bisherigen Modellen. Eine ebenso prestigeträchtige wie humanitäre Geste war außerdem, daß Diamond darauf verzichtete, ein Patent anzumelden, so daß auch andere Firmen auf ungiftige Produktion umstellen konnten – dafür gab's sogar Lob vom US-Präsidenten und einen Preis für die Beseitigung dieses Berufsrisikos.

Die fünf Wettbewerbe des alpinen Skilaufs

Abfahrt – Super-G – Riesenslalom – Slalom – Kombination

Vierundvierzig Prominente, die bei Verkehrsunfällen ums Leben kamen

Pierre Curie	Physiker	1906
Lorenz Adlon	Hotelier	1921
Antoni Gaudí	Architekt	1926
Isadora Duncan	Tänzerin	1927
Italo Svevo	Schriftsteller	1928
Sir Horace Lockwood Smith-Dorrien	General	1930
Friedrich Wilhelm Murnau	Filmregisseur	1931
T.E. Lawrence (of Arabia)	Schriftsteller / Politiker	1935
Königin Astrid von Belgien		1935
Bessie Smith	Jazzsängerin	1937
Ambroise Vollard	Kunsthändler	1939
George S. Patton	General	1946
Margaret Mitchell	Schriftstellerin	1949
James Dean	Schauspieler	1955
Jackson Pollock	Maler	1956
Eddie Cochran	Popmusiker	1960
Albert Camus	Schriftsteller	1960
Scott La Faro	Jazzmusiker	1961
Porfirio Rubirosa	Playboy	1965
Herbert Zimmermann	Sportreporter	1966
Carlos Arruza	Matador	1966
Jayne Mansfield	Schauspielerin	1967
»Alexandra« (Doris Treitz)	Schlagersängerin	1969
Grete Weiser	Schauspielerin	1970
Steve Prefontaine	Leichtathlet	1975
Rolf-Dieter Brinkmann	Lyriker	1975
Marc Bolan	Popmusiker	1977
Andrej Amalrik	Schriftsteller	1980
Roland Barthes	Philosoph	1980
Grace Kelly	Schauspielerin	1982
Sergej Maslow	Mathematiker	1982
Marianne Strauß	Unternehmerin	1984
Kazimierz Deyna	Fußballer	1989
Otl Aicher	Künstler / Typograph	1991
Vilém Flusser	Philosoph	1991
Alexander Dubček	Politiker	1992
César Manrique	Architekt	1992
Jerry Rubin	Aktivist	1994
Carlos Monzon	Boxer	1995

Seymour Cray	Informatiker	1996
Prinzessin Diana von Wales		1997
Alan Pakula	Filmregisseur	1998
»Falco« (Johann Hölzel)	Popmusiker	1998
WG Sebald	Schriftsteller	2001
Helmut Newton	Photograph	2004

Diese Liste stammt vom Autor Jörg Metes, der seit vielen Jahren einschlägige Berichte sammelt und der gemeinsam mit Tex Rubinowitz im Jahr 1996 das – leider vergriffene – Listen-Buch »Die sexuellen Phantasien der Kohlmeisen« herausgegeben hat.

Zeitangabe mittels einer Schiffsglocke

Bis zur Erfindung mechanischer Uhren diente an Bord die Schiffsglocke zur Anzeige der Zeit. Sie wurde alle halben Stunden angeschlagen, was als »Glasen« bezeichnet wurde; der Begriff leitet sich vom Glas der Sanduhr ab, deren Sand genau eine halbe Stunde lief und anschließend umgedreht werden mußte.
Die Anzahl der Glockenschläge signalisierte neben der Zeit auch noch etwas Zweites: Wie viele halbe Stunden seit Beginn einer Wache vergangen waren, die immer vier Stunden dauerte. War es also mitten in der Nacht und wurde die Schiffsglocke acht Mal (in Doppelschlägen) angeschlagen, so konnte es nur Mitternacht sein.

Uhrzeit						Glas
00:00	04:00	08:00	12:00	16:00	20:00	8
00:30	04:30	08:30	12:30	16:30	20:30	1
01:00	05:00	09:00	13:00	17:00	21:00	2
01:30	05:30	09:30	13:30	17:30	21:30	3
02:00	06:00	10:00	14:00	18:00	22:00	4
02:30	06:30	10:30	14:30	18:30	22:30	5
03:00	07:00	11:00	15:00	19:00	23:00	6
03:30	07:30	11:30	15:30	19:30	23:30	7

Die Farben der Trauerkleidung

Blau: Chinesen – **Braun**: Perser – **Gelb**: altes Ägypten – **Rot**: vorderer Orient – **Violett**: Kardinäle, vorderer Orient, Chinesen – **Weiß**: Japan, Hindus, Buddhisten, Chinesen, Hl. Maria, Königinnen von Frankreich – **Schwarz**: Europa

Buchformate

Bezeichnung	Abkürzung	Rückenhöhe (cm)	Blätter	Seiten
Vigesimoquart	24°	< 10	24	48
Oktodez	18°	< 10	18	36
Sedez	16°	bis 15	16	32
Duodez	12°	bis 15	12	24
Klein-Oktav	Kl.-8°	bis 18,5	–	–
Oktav	8°	bis 22,5	8	16
Groß-Oktav	Gr.-8°	bis 25	–	–
Lexikon-Oktav	Lex.-8°	bis 30	–	–
Quart	4°	bis 35	4	8
Groß-Quart	Gr.-4°	bis 40	–	–
Folio	2°	bis 45	2	4
Groß-Folio	Gr.-2°	über 45	–	–

Um den Druck eines Buchs planen zu können und seine Katalogisierung zu erleichtern, müssen die Beteiligten wissen, welches Format ein Buch hat. Dazu dienen diese Angaben, die sich zumeist auf die Nennung der Abkürzung beschränken.
Dem Buchdrucker bedeutet das Format, wieviele Blätter er aus einem Bogen Papier anfertigen kann. Den Bibliothekaren wiederum sagt das Format, welche Höhe der Buchrücken hat; oft wird auch noch die Breite des Buches angegeben.

Zahlen, die immer dieselbe Summe ergeben

8	1	6
3	5	7
4	9	2

11	24	1	23	6
7	12	18	9	19
22	10	13	16	4
5	17	8	14	21
20	2	25	3	15

Wie immer man auch addieren mag – ob in einer waagrechten, senkrechten oder diagonalen Reihe: Die Zahlen ergeben immer dieselbe Summe: 15 (oben) bzw. 65 (unten). Beim unteren Quadrat ergeben sogar die grau unterlegten Kästchen die Summe 65. Womit sich freilich der Wert der Übung auch schon erschöpft hätte.

Checkliste für den Umzug

ALTE WOHNUNG

- [ ] Alte Wohnung → fristgerecht kündigen
- [ ] Kaution → Rückzahlung organisieren
- [ ] Keller/Dachboden → ausmisten
- [ ] Packmaterial → besorgen
- [ ] Renovierung → organisieren
- [ ] Umzug → organisieren
- [ ] Umzugskartons → beschaffen
- [ ] Umzugsurlaub → beantragen
- [ ] Wohnungs-/Hausübergabe → organisieren
- [ ] Strom/Wasser/Gas/Heizung → ablesen
- [ ] Strom/Wasser/Gas/Heizung → abmelden

EINPACKEN

- [ ] Bücher, Platten, Bilder → hochkant packen
- [ ] Gleiches zu Gleichem → packen
- [ ] Kartons mit Zielort → beschriften
- [ ] Nicht zu voll und nicht zu schwer → packen
- [ ] Porzellan, Gläser, Teller → hochkant packen und polstern
- [ ] Schweres nach unten → packen

NEUE WOHNUNG

- [ ] Ablöse /Abstand → schriftlich festlegen
- [ ] Schule / Kindergarten neu → suchen
- [ ] Strom/Wasser/Gaszähler neue Wohnung → anmelden
- [ ] Übergabeprotokoll → erstellen
- [ ] Umbau-/Renovierungsplan → erstellen
- [ ] Vorhänge → ausmessen
- [ ] Zimmerplan der neuen Wohnung → anlegen

NEUE ADRESSE

- [ ] Arbeitgeber → neue Adresse
- [ ] Arbeitsamt → informieren
- [ ] Ärzte → informieren
- [ ] Automobilclub → informieren
- [ ] BAföG-Stelle → informieren
- [ ] Bank → neue Adresse
- [ ] Bücherclubs → informieren
- [ ] Dauerkarten → neue Adresse
- [ ] Einwohnermeldeamt → ummelden
- [ ] Finanzamt → informieren
- [ ] GEZ → informieren
- [ ] Geschäftspartner → informieren
- [ ] Hausverwaltung → informieren
- [ ] Kindergarten → informieren
- [ ] Kindergeldstelle → informieren
- [ ] Kirche → informieren
- [ ] Krankenkasse → informieren
- [ ] Kreiswehrersatzamt → informieren
- [ ] Postkarte mit neuer Adresse → versenden
- [ ] Postnachsendeantrag → stellen
- [ ] Radio/TV → ummelden
- [ ] Schule → informieren
- [ ] Telefon/Fax/Internet → ummelden
- [ ] Theater- und Konzertabos → ummelden
- [ ] Vereine, Fitneßstudio → informieren
- [ ] Versicherungen → ummelden
- [ ] Wartungsverträge → informieren
- [ ] Zeitungen → ummelden
- [ ] Zulassungsstelle → informieren

Aussterbende Datenträger

Videokassette • Vinyl-LP • 5 1/4 -Zoll-Diskette • 3 1/2 -Zoll-Diskette • Laserdisk • Tonband • Tonbandkassette • Super-8-Film • Lochkarte

Einige Weltreligionen im Vergleich

Religion	Gott	Name	Normative Schriften	Verheißung	Mitglieder**	Besonderheiten
Buddhismus	Kein personaler Gott, sondern »Prinzip«	–	z.B. Tripitaka (B. kennt keine offiziellen normativen Schriften, es existieren 2-3 Hauptrichtungen des B.)	*Wiedergeburt*	364 Millionen	»Atheistische Religion«. Seelenwanderung, Emanation auch in Tiere und Pflanzen möglich.
Christentum	1 (Dreifaltigkeit)	**Gott**	Altes Testament, Neues Testament	*Vergebung von Schuld, Erlösung, Reich Gottes*	2,2 Milliarden*	Mensch (Jesus von Nazareth) wird als Gott verehrt (Sohn Gottes). Feindesliebe.
Hinduismus	viele	**Brahma, Vishnu, Shiva etc.**	Veden (H. kennt keine offiziellen normativen Schriften)	*Aufhebung des Menschen im Nirvana*	828 Millionen	System des Gurus (Lehrers). Gottheit u.a. in Gestalt eines Elephanten. Kuh wird als heiliges Tier verehrt.
Islam	1	**Allah**	Koran	*Rein jenseitiges Reich Gottes*	1,2 Milliarden	I. versteht sich als »Vollender« der monotheistischen Weltreligionen (Mohammed als letzter Prophet). Prinzip der »Verbalinspiration« geht so weit, daß sich Gott nur in arabischer Sprache vermittelt und nicht in Übersetzungen.
Judentum	1	**Jahwe**	Altes Testament, Talmud	*Reich Gottes als Reich des Friedens nach Wiederkunft des Messias*	14,5 Millionen	Einziges Volk, das durch seine Religion überlebt hat, trotz 2000jähriger fehlender staatlicher Existenz.

* Die wichtigsten christlichen Religionen zusammengenommen ** Die Angaben variieren je nach Quelle.

Bakterien vs. Viren vs. Bazillen

Im Alltag sorgt die Unterscheidung zwischen Bakterien, Viren und Bazillen gelegentlich für Verwirrung. Zur Erleichterung mag der Hinweis hilfreich sein, daß **Bakterien** winzige (einzellige) Lebewesen sind, die aus eigener Kraft überleben können, während **Viren** dazu jemand anderen brauchen. **Bazillen** schließlich sind eine Unterform von Bakterien; sie zeichnen sich durch besondere Zählebigkeit aus und können größte Trockenheit und extreme Temperaturen überleben.

Während also die Bakterien einen eigenen Stoffwechsel besitzen und sich durch Teilung vermehren, mangelt es den Viren an beidem; sie müssen daher in ihrer Existenz als Parasiten andere Zellen, sogenannte Wirte, anfallen (das können auch Bakterien sein), um an deren Fähigkeiten zu partizipieren. Und sie sehen sich mit der bohrenden Frage konfrontiert, ob sie zu den Lebewesen zu zählen sind oder nicht, denn einerseits benötigen sie einen Wirtsorganismus, andererseits können sie mutieren und Erbgut weitergeben. Die Forschung streitet.

Die Tätigkeit der Bakterien im menschlichen Körper ist durchaus zu dessen Vorteil. An vielen Stellen verrichten sie ihr sinnvolles Werk, so beispielsweise im Darm, wo sie bei der Verdauung helfen. Doch wenn sie an den falschen Ort geraten, können sie auch zu Krankheitserregern werden und beispielsweise Borreliose, Cholera, Meningitis und die Legionärskrankheit auslösen. Bekämpft werden bakterielle Infektionen durch Antibiotika wie etwa Penicillin. Impfungen gibt es sowohl gegen manche bakterielle wie auch gegen manche virale Infektionen.

Viren sind für eine Reihe von Krankheiten zuständig. Zu den bekanntesten Virusinfektionen zählen Tollwut, Aids, Ebola, SARS, Hepatitis sowie Masern, Röteln und Mumps. Letztere, die klassischen Kinderkrankheiten, gehen in der Regel von allein vorüber, behandelt werden nur die Symptome. Der bei lebensgefährlichen Virusinfektionen notwendige Einsatz von Virostatika ist meist mit erheblichen Nebenwirkungen verbunden. Bislang existieren keine Medikamente, die Viren im Körper abtöten können, ohne ihn zu schädigen.

Welttage der Unesco

28. Januar	Welt-Lepra-Tag
21. Februar	Internationaler Tag der Muttersprache
8. März	Tag der Vereinten Nationen für die Rechte der Frau und den Weltfrieden
21. März	Internationaler Tag zur Beseitigung der Rassendiskriminierung
21. März	Welttag der Poesie
21. März	Internationaler Tag des Waldes
22. März	Weltwassertag
23. März	Welttag der Meteorologie
24. März	Welt-Tuberkulose-Tag
7. April	Weltgesundheitstag
23. April	Welttag des Buches und des Urheberrechts
26. April	Welttag des geistigen Eigentums
3. Mai	Welttag der Pressefreiheit
15. Mai	Internationaler Tag der Familie
17. Mai	Weltfernmeldetag
21. Mai	Internationaler Tag für kulturelle Entwicklung
22. Mai	Internationaler Tag der biologischen Vielfalt
31. Mai	Welt-Nichtraucher-Tag
1. Juni	Welt-Bauerntag (UNO)
4. Juni	Internationaler Tag der Kinder, die unschuldig zu Aggressionsopfern geworden sind
5. Juni	Weltumwelttag
17. Juni	Welttag für die Bekämpfung von Wüstenbildung und Dürre
20. Juni	Weltflüchtlingstag
26. Juni	Internationaler Tag gegen Drogenmißbrauch und unerlaubten Suchtstoffverkehr
26. Juni	Internationaler Tag der Vereinten Nationen zur Unterstützung der Opfer der Folter
11. Juli	Weltbevölkerungstag
12. August	Internationaler Tag der Jugend
23. August	Internationaler Tag der Erinnerung an Sklavenhandel und dessen Abschaffung
8. September	Weltalphabetisierungstag
16. September	Internationaler Tag für die Erhaltung der Ozonschicht
20. September	Weltkindertag
21. September	Internationaler Friedenstag
27. September	Welttourismustag
1. Oktober	Internationaler Tag der älteren Menschen
4. Oktober	Welttierschutztag
5. Oktober	Internationaler Tag des Lehrers
9. Oktober	Tag des Weltpostvereins
10. Oktober	Welttag der geistigen Gesundheit
16. Oktober	Welternährungstag
17. Oktober	Internationaler Tag für die Beseitigung der Armut
24. Oktober	Tag der Vereinten Nationen
24. Oktober	Welttag der Information über Entwicklungsfragen
6. November	Internationaler Tag für die Verhütung der Ausbeutung der Umwelt in Kriegen und bewaffneten Konflikten.
16. November	Internationaler Tag der Toleranz
20. November	Tag der Industrialisierung Afrikas
20. November	Weltkindertag (in Deutschland: 20. September)
21. November	Welttag des Fernsehens
25. November	Internationaler Tag gegen Gewalt gegen Frauen
29. November	Internationaler Tag der Solidarität mit dem palästinensischen Volk
1. Dezember	Welt-AIDS-Tag
2. Dezember	Internationaler Tag für die Abschaffung der Sklaverei
3. Dezember	Internationaler Tag der Behinderten
5. Dezember	Internationaler Tag der Freiwilligen für wirtschaftliche und soziale Entwicklung
7. Dezember	Tag der Internationalen Zivilluftfahrt
10. Dezember	Tag der Menschenrechte
18. Dezember	Internationaler Tag der Migranten

Umrechnung von Binär- in Dezimalzahlen

00000000	0	00001111	15
00000001	1	00010000	16
00000010	2	00010001	17
00000011	3	00010010	18
00000100	4	00010011	19
00000101	5	00010100	20
00000110	6	00011110	30
00000111	7	00101000	40
00001000	8	00110010	50
00001001	9	00111100	60
00001010	10	01000110	70
00001011	11	01010000	80
00001100	12	01011010	90
00001101	13	01100100	100
00001110	14		

Computer haben keine andere Möglichkeit zu rechnen, als den Strom an- und auszumachen. Sie brauchen dafür ein geeignetes System. Das Binärsystem. Dieses System kennt nur zwei Ziffern, die 0 und die 1; die eine entspricht dem Zustand »Strom aus«, die andere dem Zustand »Strom an«. Die Zahlen werden ähnlich wie im Dezimalsystem dargestellt, mit dem Unterschied, daß sie durch die passende Zweierpotenz bestimmt werden (und nicht durch ihre Zehnerpotenz). Der Rest ist höhere Mathematik.

Ungewöhnliche Ängste

Allodoxaphobie = Angst vor Meinungen – *Arachibutyrophobie* = Angst, daß beim Essen Erdnußbutter am Gaumen kleben bleibt – *Aulophobie* = Angst vor Flöten – *Chronophobie* = Angst vor der Zeit – *Deipnophobie* = Angst vor Essenseinladungen oder Tischgesprächen – *Genuphobie* = Angst vor dem Knie – *Gnosiophobie* = Angst vor Wissen – *Ithyphallophobie* = Angst, eine Erektion zu sehen, daran zu denken oder zu haben – *Linonophobie* = Angst vor Bindfäden – *Phobophobie* = Angst vor Ängsten – *Plutophobie* = Angst vor Reichtum – *Pogonophobie* = Angst vor Bärten – *Symmetrophobie* = Angst vor Symmetrie – *Teutophobie* = Angst vor Deutschen, deutscher Kultur etc. – *Venustraphobie* = Angst vor schönen Frauen – *Zemmiphobie* = Angst vor Maulwürfen

Vier politische Doktrinen*

*Doktrin = programmatische Festlegung

Die Monroe-Doktrin

Betrifft: Politik der USA gegenüber Lateinamerika
Adressat: Europa
Verkündet von: James Monroe, US-Präsident
Datum: 2. Dezember 1823
Form und Ort der Erklärung: Rede vor dem US-Kongress zu auswärtigen Angelegenheiten

In seiner Rede warnte Monroe die Europäer, vor dem Versuch einer Rekolonialisierung der USA. Er erklärte, daß jeder derartige Versuch als feindselige Handlung gegenüber Washington aufgefaßt werde. So wie die USA in europäische Angelegenheiten nicht eingreifen würden, müsste sich auch Europa aus Amerika zurückziehen. Hintergrund der Doktrin war eine schwer einschätzbare Machtkonstellation, in der die spanischen Kolonien Lateinamerikas um ihre Unabhängigkeit von Madrid kämpften, Großbritannien darauf wartete, das Kolonialerbe Spaniens anzutreten, und die Monarchien Frankreich, Österreich, Preußen und Rußland – vereinigt in der Heiligen Allianz – die jungen USA bedrohten.

Die Truman-Doktrin

Betrifft: Kampf gegen die weitere Ausbreitung des Kommunismus
Adressat: Kommunistische Staaten
Verkündet von: Harry S. Truman, US-Präsident
Datum: 12. März 1947
Form und Ort der Erklärung: Vortrag vor dem US-Kongreß, in dem Truman den Kongress um finanzielle und wirtschaftliche Hilfe für Griechenland und die Türkei ersuchte, um diese in ihrem demokratischen Freiheitskampf gegen den Kommunismus zu unterstützen

Mit der Truman-Doktrin erklärten die USA ihre Absicht, der Ausdehnung des Kommunismus weltweit zu begegnen, und zwar mit wirtschaftlichen und militärischen Mitteln. Damit wurden die USA zur Schutzmacht von Staaten, die unter sowjetischem Druck standen. Zugleich bedeutete die Truman-Doktrin die endgültige Absage an die Politik des Isolationismus, die die USA zwischen den beiden Weltkriegen betrieben hatten. Dank Militär- und Wirtschaftshilfe im Gesamtwert von 400 Millionen Dollar konnten Griechenland und die Türkei vor dem Kommunismus bewahrt werden.

Die Breschnew-Doktrin

Betrifft: Beschränkte Souveränität der sozialistischen Staaten
Adressat: Kommunistische Staaten
Verkündet von: Leonid Breschnew, Staats- und Parteichef der UdSSR

Datum: 12. November 1968
Form und Ort der Erklärung: Vortrag auf dem V. Parteitag der Polnischen Vereinigten Arbeiterpartei

Von der Doktrin, die sozialistischen Staaten besäßen nur eine »beschränkte Souveränität«, ließ sich problemlos das Recht der UdSSR ableiten, jederzeit in einem sozialistischen Bruderland zu intervenieren, wenn dort der Sozialismus bedroht sei. Hintergrund der Doktrin war die nachträgliche Rechtfertigung des Einmarsches der Sowjetunion in die Tschechoslowakei im Jahr 1968 sowie die unverhohlene Drohung an die ebenfalls unruhigen Polen; auch der Einmarsch der UdSSR in Afghanistan im Jahr 1979 fand auf Basis dieser Doktrin statt. Erst Michail Gorbatschow hob sie 1989 auf.

Die Hallstein-Doktrin

Betrifft: Diplomatische Beziehungen zwischen Drittstaaten und der DDR
Adressat: alle nichtkommunistischen Staaten (und die UdSSR)
Verkündet von: Walter Hallstein, Staatssekretär im Auswärtigen Amt der BRD
Datum: 22. September 1955
Form und Ort der Erklärung: Regierungserklärung vor dem Bundestag

Laut dieser Doktrin erhob die Bundesrepublik Deutschland den Anspruch, alleinige Vertreterin aller Deutschen zu sein; sollte ein anderer Staat (ausgenommen die UdSSR) dennoch diplomatische Beziehungen mit der DDR aufnehmen, so betrachte die BRD das als einen unfreundlichen Akt und werde das durch den Abbruch bzw. die Nichtaufnahme diplomatischer Beziehungen beantworten. Erstmals wurde die Hallstein-Doktrin auf das blockfreie Jugoslawien angewandt (1957), zum zweitenmal auf Kuba (1963). Die Hallstein-Doktrin verlor Mitte der 60er Jahre an Bedeutung und wurde 1969 unter der sozial-liberalen Koalition Willy Brandts aufgegeben.

Die Farben der olympischen Ringe

Blau – Gelb – Schwarz – Grün – Rot

Das Symbol für die Olympischen Spiele besteht aus fünf verschlungenen Ringen in den erwähnten Farben; sie stehen stellvertretend für die fünf Erdteile, die in der Olympischen Bewegung vereint sind. Die Idee der Farbgebung: Eine der sechs verwendeten Farben (inkl. Weiß als Hintergrundfarbe) findet sich fast unweigerlich in jeder Nationalflagge, so daß die Farben aller teilnehmenden Nationen vertreten sind. Entworfen wurde das Symbol im Jahr 1913 von Pierre de Coubertin, dem Wiederbegründer der Olympischen Spiele.

Verweigerer von Filmpreisen

Name	Film	Jahr	Preis	Begründung/Kommentar
Dudley Nichols	The Informer	1936	Oscar für bestes Drehbuch	Streitigkeiten zwischen mehreren Filmgewerkschaften und der Oscar-Academy in gewerkschaftlichen Fragen. Erste Verweigerung einer Oscar-Annahme
Charles Chaplin	Der große Diktator	1940	New York Film Critics Circle: Preis für besten Darsteller	Annahme verweigert
George C. Scott	The Hustler	1961	Oscar-Nominierung für besten Nebendarsteller	Lehnte bereits die Nominierung ab
Hardy Krüger	Der Flug des Phoenix	1966	Golden Globe-Nominierung für besten Nebendarsteller	Lehnte bereits die Nominierung ab
George C. Scott	Patton	1970	Oscar für besten Hauptdarsteller	Lehnte die Nominierung und den Preis ab, da er sich nicht in Konkurrenz mit anderen Schauspielern setzen wollte
Marlon Brando	Der Pate	1972	Oscar für besten Hauptdarsteller	Lehnte den Preis aus Protest gegen die Diskriminierung der indianischen Bevölkerung durch Hollywood ab. Brando erschien nicht zur Preisverleihung und schickte eine angeblich indianische Frau namens *Sacheen Littlefeather*, die sich später als Maria Cruz, eine weniger bekannte kalifornische Schauspielerin entpuppte
Robert Bresson	Lancelot, Ritter der Königin	1974	Cannes Film Festival – Preis der International Federation of Film Critics	Annahme verweigert

Affige Friseurnamen

Unter Friseuren gibt es offenbar einen unerklärten Kampf um den originellsten Namen des eigenen Ladens. Besonders beliebt sind dabei Wortspiele mit dem für Friseure nächstliegenden aller Begriffe. Und die Originalität ist eine relative: Insgesamt gibt es laut amtlichem Telefonbuch in Deutschland allein 236 Salons, die das Firmenschild »Haargenau« führen.

Aachen: Haarspitze Amsterdam: The Hairhunter ~ Headlines Berlin: AbSchnitt 22 ~ CreHaartiv ~ Delicut ~ Haartrick ~ Haar Werk ~ Haarem ~ Haareszeiten ~ Haargenau ~ Haargenau und schnittig ~ Haarlekin ~ Haarscharf und Schnittig ~ Haartick ~ Hair-Way ~ Hair und mehr ~ Hair-Port ~ Hairlich ~ Haut & Haar ~ Headhunter ~ Headline ~ Hin & Hair ~ Inch by Inch ~ Kaiserschnitt ~ Locke und Welle ~ Mata Haari ~ Müllers Haarbüro ~ Salon-fähig ~ Schnittpunkt ~ Schnittstelle ~ Vokuhila ~ Über kurz oder lang Bielefeld: Haar genau richtig ~ Haarmonie ~ Haircare ~ Headshop Bludenz (Ö): Vorhair – Nachhair Bochum: Kopfsalat Bonn: Gaby's Haar-Treff Darmstadt: Die Haarfabrik Dortmund: Hair Lich & Beauty Full Düsseldorf: 4 Haareszeiten ~ Art of Hair ~ Feinschnitt ~ Frisurkommödchen ~ Haarstudio Schnipp Schnapp ~ Hairothek Gerd ~ Hauptsache Haare ~ Kopfarbeit Duisburg: Kahlschlag Frankfurt/Main: Abschnitt ~ Die Schnibblstubb ~ Die Zwei ~ Freudenhaus ~ Fön-x ~ Haargenau ~ Hairlights ~ Kopfsalat ~ Shamtwo ~ Struwwelpeter ~ Talking Heads Freiburg: Haarmani Georgenthal: Hairkules Graz (Ö): Kamm on Gütersloh: Frisurenschmiede Hamburg: Final Cut ~ Haarlekin ~ Haarscharf ~ Kammback ~ Kurz und Schmerzlos ~ Lock and Roll ~ O'Haara ~ Salon Scherenschnitt ~ United Haartists ~ Verlockung Hamburg-Harburg: Haarburg Karlsruhe: Haarakiri Kassel: Haaribo ~ Haarscharf ~ Haartürlich ~ Lückenlos und Bildschön ~ Open Hair ~ Schnittwerk Kiel: Haarlem Köln: Haar-Dynamic ~ Haareffekt ~ Haarem ~ Haarley ~ Haarmonie ~ Haarpracht ~ Haarvision ~ Haarzauber ~ Hairstyler's Heaven ~ Headwork ~ Kopfarbeit ~ Penny Lane ~ Philhaarmonie ~ Sabine for Hair Los Angeles: Hairotica Lübeck: HeadHunter ~ Kopfart ~ Mobil Mouse Hair Dream ~ Salon Haarbarium ~ Tausendschön ~ Vier Haareszeiten München: Art of Hair ~ Cut & Curl ~ fön-x ~ Frisör Tom's haarige Hexerei ~ Glückssträhnchen ~ Haar genau ~ Haar und Moritz ~ Haargenau ~ Die Haarkünstler ~ Die Haarmeister ~ Haarmonie ~ Haarscharf ~ Haarwerk ~ Hair Affair ~ HairGott ~ Hairline ~ Hairpeople ~ HauptSache ~ Heimservice Haarleluja ~ Hin & Hair ~ Kaiser Schnitt ~ Rapunzel ~ Talk about Heads North Carolina: Hairy Situation Paderborn: Haar 2 O ~ Haargenau ~ Kopfarbeit ~ Rund um's Haar ~ Schnittstelle ~ Um Haaresbreite Pforzheim: AbSchnitt ~ Haarlekin ~ Hair Force ~ Kamm In ~ Kopfgeld Rosenheim: Kaiserschnitt Rückersdorf: WellKamm Schweinfurt: Haar Monika Stuttgart: Abschnitt ~ Friseur Haarald ~ Haarlekin ~ Haarline ~ Typ-Gerecht ~ Vanity Hair Texas: curl up 'n dye Wien (Ö): Abschnitt ~ Fortschnitt ~ GesmbHaar ~ Haarchitektur ~ Haarem ~ Hairgott ~ Headline ~ Kopfzart

Das Alphabet der Piloten

A	ALPHA	N	NOVEMBER
B	BRAVO	O	OSCAR
C	CHARLIE	P	PAPA
D	DELTA	Q	QUEBEC
E	ECHO	R	ROMEO
F	FOXTROT	S	SIERRA
G	GOLF	T	TANGO
H	HOTEL	U	UNIFORM
I	INDIA	V	VICTOR
J	JULIETT	W	WHISKEY
K	KILO	X	X-RAY
L	LIMA	Y	YANKEE
M	MIKE	Z	ZULU

Um sich untereinander präziser verständigen zu können, verwenden die Piloten das Alphabet der ICAO (International Civil Aviation Organization), das jedem Buchstaben markante und international möglichst verständliche Begriffe zuordnet.

Sämtliche Folgen des Schulmädchen-Reports

1. Teil	Was Eltern nicht für möglich halten	1970
2. Teil	Was Eltern den Schlaf raubt	1971
3. Teil	Was Eltern nicht mal ahnen	1972
4. Teil	Was Eltern oft verzweifeln läßt	1972
5. Teil	Schulmädchen-Report V	1973
6. Teil	Was Eltern gern vertuschen möchten	1973
7. Teil	Doch das Herz muß dabei sein	1974
8. Teil	Was Eltern nie erfahren dürfen	1974
9. Teil	Reifeprüfung vor dem Abitur	1975
10. Teil	Irgendwann fängt jede an	1976
11. Teil	Probieren geht über Studieren	1977
12. Teil	Junge Mädchen brauchen Liebe	1978
13. Teil	Vergiß beim Sex die Liebe nicht	1980

Die *Schulmädchenreport*-Filme sprangen – in aus heutiger Sicht ausgesprochen erheiternder Weise – auf den 68er Zug auf und boten scheinbar empört und im unerbittlich aufklärerischen Ton einer »Panorama«-Reportage recht keusche Blicke auf nackte junge Mädchen.

Zwei Alte Rosen

MADAME HARDY

MADAME LEGRAS DE ST. GERMAIN

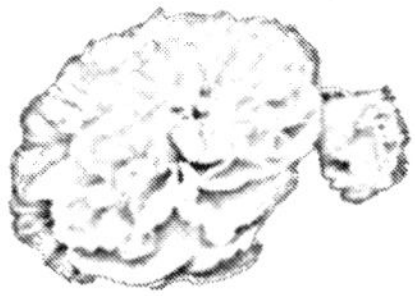

Bevor Ende des 18. Jahrhunderts die öfterblühende Rose aus China nach Europa eingeführt wurde und für eine ziemliche Revolution beim Züchten der »Königin der Blumen« sorgte, kannte man hierzulande nur einmalblühende Arten: Gallica-, Damascena-, Alba- sowie Moos-Rosen und die Zentifolien. Diese sog. Alten Rosen wachsen nicht als brave kleine Vorgarten-Büsche, sondern als kräftige Sträucher, die bis zu 1,50 Meter hoch werden. Ihr Duft übertrifft die modernere Konkurrenz, sie sind sehr robust, langlebig und genügsam (Halbschatten), allerdings stacheliger als ihre Nachfahren.
Zu den schönsten der meist (leider nur) in allen Varianten von Rosa blühenden Alten Rosen zählen zwei weißblühende Arten: Madame Hardy, deren kristallinglitzernde Blütenpracht mit grünem Knopfauge 1832 von Kaiserin Joséphines Malmaison-Rosenchef Hardy gezüchtet wurde, und Madame Legras de St. Germain, deren strahlendes Weiß sogar eine winzige Spur Gelb enthält – bei Alten Rosen eine ganz seltene Farbe und Indiz dafür, daß auf den obersten Ästen der Ahnentafel von Madame L. eine sogenannte Noisette-Rose zu finden sein muss (vgl. David Austin, Alte Rosen und Englische Rosen, Köln 2000, 5. Auflage).

Temperaturen und ihre Umrechnungen

Fahrenheit ° F	Kelvin K		Celsius ° C
97.88	309.75	normale Körpertemperatur	36.6
32.00	273.15	Gefrierpunkt von Wasser	0.00
212.00	373.15	Siedepunkt von Wasser	100.00
64.40	291.15	optimale Trinktemperatur von Rotwein	18.00
50.00	283.15	optimale Trinktemperatur von Weißwein	10.00
77.00	298.15	Meteorologischer Sommertag	25.00

So beleben Sie ein Kind wieder

Säuglinge (bis 1 Jahr)

Rhythmus
- 1 mal beatmen, 5 mal drücken; wiederholen, bis Lebenszeichen

Beatmung durch Mund und Nase
- Kinn des Säuglings anheben
- Kopf leicht überstrecken
- eigenen Mund weit öffnen und einatmen
- Lippen entspannen
- auflegen
- Luft einhauchen (nicht zu viel!)
- Zurücksinken des Brustkorbs beobachten

Herzdruck-Massage
- in schnellem Rhythmus mit 2 Fingern
- in der Mitte unterhalb der Brustwarzenlinie
- Brustkorb etwa ein Drittel eindrücken

Pulskontrolle
- mit 2 Fingern an der Innenseite des Oberarms, Frequenz 120/Minute

Atemkontrolle
- Kinn des Säuglings anheben, Kopf leicht überstrecken, Ohr über Mund und Nase halten, dabei Brustkorb beobachten, Frequenz 30-40/Minute

Kleinkinder (1-5 Jahre)

Rhythmus
- 3 mal beatmen, 15 mal drücken; wiederholen, bis Lebenszeichen

Beatmung durch den Mund
- Nase des Kinds zuhalten
- Kopf des Kindes mit beiden Händen überstrecken
- eigenen Mund weit öffnen
- Lippen entspannen
- auflegen
- Luft einhauchen (nicht zu viel!)
- Zurücksinken des Brustkorbs beobachten

Herzdruckmassage
- mit dem Handballen und durchgedrücktem Arm, einen Fingerbreit oberhalb des Brustbein-Endes

Pulskontrolle
- mit 2 Fingern an der Innenseite des Oberarms (bis 3 Jahre) bzw. 2-3 Finger (nicht: Daumen) an die Halsschlagader in die Vertiefung zwischen Kehlkopf und Halsmuskel drücken; Frequenz 110/Minute

Atemkontrolle

- Kopf des Kindes mit beiden Händen überstrecken, Ohr über Mund und Nase halten, dabei Brustkorb beobachten; Frequenz 30/Minute

Schulkinder

Rhythmus
- 3 mal beatmen, 15 mal drücken

Beatmung durch den Mund
- Nase des Kindes zuhalten
- Kopf des Kindes mit beiden Händen überstrecken
- eigenen Mund weit öffnen
- Lippen entspannen
- auflegen
- Luft einhauchen
- Zurücksinken des Brustkorbs beobachten

Herzdruckmassage
- Hände übereinanderlegen, Finger verschränken, Arme durchdrücken, mit den Handballen zwei Fingerbreit oberhalb des Brustbein-Endes, Brustkorb etwa ein Drittel tief eindrücken

Pulskontrolle
- 2-3 Finger (nicht: Daumen) an die Halsschlagader in die Vertiefung zwischen Kehlkopf und Halsmuskel drücken; Frequenz 100/Minute

Atemkontrolle
- Kopf des Kindes mit beiden Händen überstrecken, Ohr über Mund und Nase halten, dabei Brustkorb beobachten; Frequenz 25/Minute

STETS ZU BEACHTEN ✚

- **Kind auf eine harte Unterlage (Boden, Tisch) legen**
- **Seitlich/rechtwinkelig vom Kind stehen, kontrollieren und reanimieren**
- **Jeweils eine Minute durchführen, dann den Rettungsdienst anrufen, dann fortsetzen**
- **Je kleiner das Kind, umso schneller wird gedrückt (siehe Frequenz); am besten laut mitzählen.**
- **Kontrollieren Sie nach jeweils drei Minuten Puls und Atmung.**
- **Führen Sie die Wiederbelebung so lange durch, bis der Rettungsdienst übernimmt.**

Wer ist Alan Smithee?

Sidney Lumet
Dennis Hopper – John Frankenheimer
Ramzi Thomas – Arthur Hiller – Vance Kotrla
et.al.

Wenn Filmregisseure oder Drehbuchautoren ihren guten Namen – meist aus Verärgerung über künstlerische Differenzen oder Eingriffe des Produzenten – nicht mehr für ihre Arbeit hergeben wollen, greifen sie seit Mitte der 60er Jahre gerne auf das Pseudonym »Alan Smithee« zurück. Das Werk des fiktiven Regisseurs und Drehbuchautors umfaßt mittlerweile eine stattliche Zahl von Filmen.

Regiearbeiten: Burn Hollywood Burn (1997) [tatsächlich: Arthur Hiller] | Appointment with Fear (1987) [tatsächlich: Ramzi Thomas] | The Barking Dog (1978); Bloodsucking Pharaohs in Pittsburgh (1991) [tatsächlich: Dean Tschetter] | Catchfire (1990) [tatsächlich: Dennis Hopper] | The Coroner (1999) | Death of a Gunfighter (1969) [tatsächlich: Don Siegel & Robert Totten] | Dilemma (1997); Fugitives Run (2003); Ganheddo (1989) [tatsächlich: Masato Harada] | Ghost Fever (1987) [tatsächlich: Lee Madden] | Gypsy Angels (1980); Hellraiser: Bloodline (1996) [tatsächlich: Kevin Yagher] | I Love N.Y. (1988) [tatsächlich: Gianni Bozzacchi] | Let's Get Harry (1986) [tatsächlich: Stuart Rosenberg] | Morgan Stewart's Coming Home (1987) [tatsächlich: Paul Aaron und Terry Windsor] | Picture of Priority (1998); Putz (1988); Q & A (1990) [tatsächlich: Sidney Lumet] | Raging Angels (1995); River Made to Drown In (2003); Riviera (1987) [tatsächlich: John Frankenheimer] | Senior Trip (1995); The Shrimp on the Barbie (1990) [tatsächlich: Michael Gottlieb] | Smoke n Lightnin (1995) [tatsächlich: Michael Kirton] | Solar Crisis (1990) [tatsächlich: Richard C. Sarafian] | Stitches (1985) [tatsächlich: Rod Holcomb] | Sub Down (1997) [tatsächlich: Gregg Champion] | To Light the Darkness (1999) [tatsächlich: Vance Kotrla] | Wadd: The Life and Times of John C. Holmes (1998) (Video Fassung) [tatsächlich: Cass Paley] | Le Zombi de Cap-Rouge (1997) [tatsächlich: Simon Robideaux]

Drehbücher: An Enraged New World (2002); Ganheddo (1989) [tatsächlich: Masato Harada] (US Version) | The Horror Show (1989) [tatsächlich: David Blyth] | I Love N.Y. (1988) [tatsächlich: Gianni Bozzacchi] | The Nutt House (1992) [tatsächlich: Ivan Raimi und Sam Raimi] | The Tony Blair Witch Project (2000) [tatsächlich: Mike A. Martinez]

Die Stationen der Vierschanzen-Tournee

Ort	Oberstdorf (D)	Garmisch-Partenkirchen (D)	Innsbruck (Ö)	Bischofshofen (Ö)
Name der Schanze	Schattenbergschanze	Große Olympiaschanze	Berg-Isel-Schanze	Paul-Ausserleit-ner-Schanze
Gesamthöhe	140 m	119 m	134 m	132,5 m
Turmhöhe	44 m	38 m	50 m	52 m
Austra-gungstag	29. oder 30. Dezember	1. Januar	3. oder 4. Januar	6. Januar

Die Vierschanzentournee findet seit 1952 in Österreich und Deutschland statt. Die international hoch angesehene Skisprung-Weltcupveranstaltung gehört zu den festen Terminen rund um den Jahreswechsel. Der Deutsche Sven Hannawald ist der bislang einzige Sportler, der alle vier Springen gewinnen konnte (2001/2002).

Sieben Gabeln

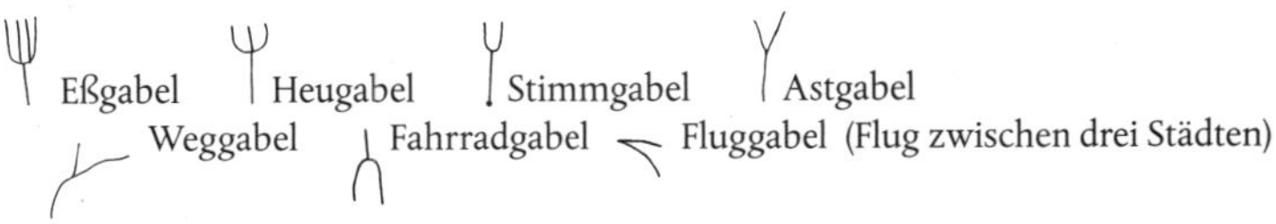

Die Vorzukunft

Die Vorzukunft, auch Futur II genannt, ist eine im Deutschen eher seltener gebrauchte Zeitform. Sie wird in all jenen Situationen verwendet, in der man über Handlungen und Sachverhalte in der Zukunft sprechen will, die bereits vollzogen sein werden und/oder über die man Vermutungen anstellt.

Beispiel 1 (zukünftig, bereits vollzogen, eher vermutend)
Wenn ich sie besuchen werde, werden die Kinder schon auf den Spielplatz gegangen sein.

Beispiel 2 (bereits vergangen, vollzogen, eher vermutend)
Gestern abend wird er gesungen haben.

Beispiel 3 (zukünftig, eher vermutend):
In einer Woche wird er die Beurteilung schon erhalten haben.

Das Futur II wird folgendermaßen gebildet: Personalform von »werden« + Partizip II des Verbs + Infinitiv von »haben« oder »sein«.

Ein paar Fakten über den deutschen Wald

Rund ein Drittel Deutschlands ist von Wald bedeckt, das sind rund 10,9 Millionen Hektar 🌲 Seit dem Jahr 1960 ist die Waldfläche um rund eine halbe Million Hektar gewachsen 🌲 1 Hektar entspricht 100 Ar und 1 Ar wiederum 100 Quadratmetern 🌲 Den höchsten Waldanteil unter den deutschen Bundesländern hat Hessen mit rund 42%, den geringsten die Hansestadt Bremen mit 3% 🌲 Im Westen dominiert die Fichte mit 45% des Gesamtbaumbestandes (Osten: 22%); im Osten wiederum dominiert die Kiefer mit 54% (Westen: 22%) 🌲 Mehr als die Hälfte des deutschen Waldes weist Misch- oder Laubwaldbestand auf 🌲 Rund die Hälfte des deutschen Waldes ist in privater Hand 🌲 In nichtkommunaler staatlicher Hand sind rund 34% des Waldes, wobei der Bund davon nur 3% besitzt, die Länder die übrigen 31% 🌲 Die durchschnittliche Größe eines Waldbesitzes beträgt 3,6 Hektar, also 36.000 Quadratmeter 🌲 Die Gesamtzahl der Waldbesitzer beträgt rund 1,3 Millionen 🌲 Pro Hektar Waldes beträgt der Vorrat an Holz rund 270 m³, womit Deutschland in der EU den höchsten Vorrat aufweist 🌲 Rund zwei Drittel der Deutschen gehen mindestens einmal pro Jahr in den Wald 🌲 Sie bringen es auf insgesamt 1,5 Milliarden Waldbesuche pro Jahr.

Sushi-Arten

CHIRASHI SUSHI: Mit Sushi-Reis gefüllte Schale, mit rohem Fisch oder Gemüse belegt.

NIGIRI-SUSHI: Die Urform des Sushi, wird immer paarweise serviert. Geformtes Reisbällchen mit Belag.

MAKI-SUSHI-RÖLLCHEN: Geformte Sushirolle in Seetang mit Füllung. In den kleinen Hosomaki-Röllchen stecken ein bis zwei Zutaten als Füllung, in den dickeren Futomaki-Rollen drei bis fünf.

GUNKAN-MAKI: Kleine Förmchen mit weicher Füllung. Reis als Boden und ein Stück Seetangblatt als Zylinder drumherum, in den oben Kaviar und andere weiche Massen oder auch stückige Zutaten eingefüllt werden.

TEMAKI: Kleine Tütchen aus Seetangblatt, die mit Sushi-Reis und anderen Zutaten gefüllt werden.

URA-MAKI: Rollen mit Füllung in der Mitte, dann Seetang und außen Reis.

CALIFORNIA ROLLS: Große Sushirolle mit dem Reis nach außen und mit Sesam belegt.

Der Trenn-, Binde-, Gedanken- und Geviertstrich und ihre Unterscheidungsmerkmale

Diese Striche variieren in Schriftstärke und Länge; der Gedankenstrich beispielsweise ist deutlich länger als der Bindestrich.

Der *Trennstrich* (Divis) wird am Ende einer Zeile bei der Trennung von Silben verwendet.

-

Der *Bindestrich* (Kopplungsstrich) wird zur Verbindung von ihrem Sinn gemäß zusammengehörenden Wörtern benutzt (etwa »ABC-Schutzmaske« oder »deutsch-polnische Grenze«).

-

Der *Gedankenstrich* (Spiegelstrich) ist ein als Satzzeichen benutzter waagerechter Strich. In Appositionen – oder erklärenden Einschüben – kann er das Komma als Satzzeichen ersetzen. Ebenso findet er Verwendung bei der Notation von Intervallen wie »37–39« oder in Währungsangaben »2,– EUR«, als Ersatz für »bis« ohne Wortzwischenraum »Geöffnet 13–17 Uhr«, als Ersatz für »gegen« mit Wortzwischenraum »AS Rom – Juventus Turin« und bei Streckenangaben ohne Wortzwischenraum »Flug Berlin – Wien«. Er wird auch Halbgeviert-Strich genannt, da er exakt ein Halbgeviert breit ist.

– Aufzählungen beginnen mit einem *Spiegelstrich*, gefolgt von einem Leerzeichen.
– Aufzählungen werden fortgesetzt mit einem *Spiegelstrich*, gefolgt von einem Leerzeichen.

–

Der *Geviertstrich* ist ein Strich, der in Tabellen als Platzhalter für 2 Ziffern benutzt wird: 12,— EUR. Er ist so breit wie 2 Ziffern.

—

Notvorrat

Getreide: 4,5 kg, Fleisch: 2 kg, Gemüse: 2 kg, Obst: 2 kg, Fette: 0,5 kg, Milch: 4,5 kg, Getränke: 21 Liter

Dieser Notvorrat reicht laut deutschem Bundesverwaltungsamt / Zentralstelle für Zivilschutz für 1 Person für 14 Tage und deckt den Tagesbedarf von 2.000 kcal.

Wörter, die gerne verwechselt werden

vergangenes	**letztes**
Es war vergangenes Jahr.	*Es geschah im letzten Jahr.*
Also in dem Jahr, das dem jetzigen vorangegangen ist.	Also im letzten einer bestimmten Reihe von Jahren.

scheinbar	**anscheinend**
Er hat scheinbar Erfolg.	*Er hat anscheinend Erfolg.*
Der Sprecher des Satzes weiß, daß es sich in Wirklichkeit anders verhält und es nur so aussieht, als habe er Erfolg.	Man kann nicht sagen, ob er Erfolg hat oder nicht - eine neutrale Feststellung, die dem Sprecher alle Möglichkeiten offen läßt.

Dasselbe	**Das Gleiche**
Wir haben vom selben Teller gegessen.	*Ich nehme das Gleiche wie er.*
Es gab einen Teller mit einem Schnitzel.	Beide bekommen ein Schnitzel mit Pommes; es gibt also zwei Teller und zwei Schnitzel.

angeblich	**vermeintlich**
Ich habe angeblich das Richtige getan.	*Ich habe das vermeintlich Richtige getan.*
Man sagt, daß ich das Richtige getan habe – genau beurteilen läßt sich das momentan aber nicht.	Ich habe irrtümlich geglaubt, daß ich das Richtige mache – es hat sich aber als das Falsche herausgestellt.

vergeblich	**umsonst**
Das haben Sie vergeblich gemacht!	*Das haben Sie umsonst gemacht!*
Die Tätigkeit hat nichts bewirkt bzw. nicht den erwünschten Effekt erzielt.	Dafür bekommen Sie keinen Lohn, denn es war ja umsonst = kostenlos.

launig	**launisch**
Sie macht launige Bemerkungen.	*Sie ist launisch.*
Ihre Bemerkungen sind humorvoll.	Sie ist oft schlechter Laune und sprunghaft.

kindlich	**kindisch**
Er hat ein kindliches Gemüt.	*Er ist kindisch.*
Der Beschriebene hat sich seine Kindlichkeit erhalten, und der Sprecher wertet den Umstand nicht.	Der Beschriebene reagiert wie ein Kind, und der Sprecher wertet den Umstand klar ab.

Olympiade	**Olympische** Spiele
Die Sportler fahren zur Olympiade.	*Die Sportler fahren zu den olympischen Spielen.*
Ein im Grunde sinnloser Satz, denn »Olympiade« bezeichnet die vier Jahre zwischen den Olympischen Spielen.	Die im Grunde korrekte Formulierung, wenn es Sportlern gelungen ist, sich für die O.S. zu qualifizieren.

Unbill	**Unbilden**
Gegen diese Unbill sollten Sie sich wehren!	*Gegen diese Unbilden sollten Sie sich schützen!*
Gemeint ist das Unrecht.	Gemeint sind Unannehmlichkeiten wie beispielsweise schlechtes Wetter.

technologisch	**technisch**
Sie hat viel technologisches Verständnis.	*Sie hat viel technisches Verständnis.*
Bezieht sich auf die Lehre von der Technik (= Technologie).	Bezieht sich auf die Technik selber.

gleichsam	**gleichermaßen**
Die Rede war gleichsam eine Bewerbung für die Geschäftsführung.	*Die Rede war gleichermaßen kurz und langweilig.*
Die Rede war so, als ob er sich bewerben würde.	Die Rede war genauso kurz wie langweilig.

sich	**einander**
Sie reichten sich die Hände.	*Sie reichten einander die Hände.*
Streng genommen ergriffen die Bezeichneten ihre eigene Hand – weil sie sie ja »sich« reichten. »Sich« ist ein rückbezügliches Fürwort.	Korrekte Formulierung, wenn gemeint ist, daß einer dem anderen die Hand zum Gruße reichte.

zu Recht	**zurecht**
Ich mache das zu Recht.	*Ich mache Ihnen das schnell zurecht.*
Er tut das mit Recht.	Er macht es ihr bereit.

nichtsdestoweniger	**nichtsdestotrotz**
Unsere Mannschaft hat verloren, nichtsdestoweniger hatten wir Spaß.	*Unsere Mannschaft hat verloren, nichtsdestotrotz hatten wir Spaß.*
korrekter Begriff	umgangssprachlicher Begriff

Programm	**Sendung**
Ich sehe mir heute mein liebstes Programm an.	*Ich sehe mir meine Lieblingssendung an.*
Falsche Übersetzung aus dem Englischen, wo mit »program« eine konkrete Sendung gemeint ist; im Deutschen meint »Programm« hingegen einen Sender (oder auch die Programmvorschau in der Zeitung).	Korrekte Formulierung, wenn man ausdrücken will, daß man sich einen konkreten Filmbeitrag ansehen will.

sich wehren	**sich verwahren**
Der Minister wehrt sich gegen die Behandlung durch die Presse.	*Der Minister verwahrte sich gegen die Behauptung, er habe dem Land geschadet.*
Er unternimmt konkrete Schritte, um eine Bedrohung zu beenden.	Er korrigiert eine aus seiner Sicht falsche Darstellung.

(Neuerdings gerne ganz und gar falsch: »Sich verwehren«)

Die Wahrscheinlichkeit, daß …

… man bei einem Münzwurf »Zahl« bekommt	1	zu	2
… Rot beim Roulette kommt	18	zu	37
… man bei einem Wurf eine 6 würfelt	1	zu	6
… zwei von zehn Leuten am selben Tag Geburtstag haben	3	zu	25
… man sechs Richtige im Lotto 6 aus 49 hat	1	zu	13.983.816
… man vier Buben beim Skat bekommt	376.740	zu	64.512.240

Nützliche Dinge für den Fall, daß man plötzlich fliehen muß

Für den Fall, daß man in eine turbulente Situation gerät und befürchtet, fliehen zu müssen, sollte man folgende Dinge unbedingt ins vorbereitete Fluchtgepäck legen:

Kopie des Passes → wasserdicht verpackt. Nie das Original aus der Hand geben!
Geld → in kleinen Scheinen, an mehreren Stellen am Körper verstaut; ermöglicht es z.B., Posten an Straßensperren zu bestechen. Nie direkte Bestechung versuchen, indirekte Formulierungen! (»Wieviele Gebühren kostet es, zu passieren?«)
Taschenlampe mit rotem oder blauem Glas → Rotes oder blaues Licht kann nachts von anderen (Heckenschützen!) nur schlecht gesehen werden.
Messer → Schneiden, Selbstverteidigung.
Kompaß, detaillierte Pläne → Orientierung im Land bzw. in der Stadt.
Feuerzeug → wasserdicht in Plastiktüte verpackt.
Stoffussel → als Zunder für Feuer.
Schwarze Mülltüten → für Regenschutz und nächtliche Tarnung.
Weiche Ohrstöpsel → Ohropax; nützlich, um in Kampfgebieten schlafen zu können.

Farbige Redewendungen

Ins *Blaue* fahren ☁ Sich *schwarz* ärgern ☁ *Gelb* vor Neid werden ☁ *Rot* sehen ☁ Alles durch eine *rosarote* Brille sehen ☁ Eine *weiße* Weste haben ☁ *Gold* in der Kehle haben ☁ Einen *Silber*blick haben ☁ Noch *grün* hinter den Ohren sein ☁ *Blau* sein ☁ *Schwarz* sehen ☁ Das *Blaue* vom Himmel herunterlügen ☁ *Schwarz* malen ☁ Sein *blaues* Wunder erleben ☁ Jemandem *blauen* Dunst vormachen ☁ Ins *Blaue* reden ☁ *Blau* machen ☁ *Blauäugig* sein ☁ Ins *Schwarze* treffen ☁ Jemandem nicht *grün* sein ☁ Am *grünen* Tisch entscheiden ☁ Sich keine *grauen* Haare wachsen lassen

Wie alt werde ich?

Wer wissen will, wie lange er noch zu leben hat, kann das der aktuellen Sterbetafel 2004/2006 des Statistischen Bundesamtes entnehmen; errechnet wird sie aus der Anzahl der Gestorbenen und den Bevölkerungszahlen der vergangenen drei Jahre. Daraus leiten die Statistiker eine durchschnittliche Lebenserwartung ab.

Wer also eine Frau ist und eben das 44. Lebensjahr vollendet hat, wird statistisch gesehen noch genau 39,09 Jahre lang leben – Männer diesen Alters hingegen nurmehr 34,25 Jahre.

Frauen[1]		Männer[1]									
	Alter[2]		F	*Alter*[2]	M	F	*Alter*[2]	M	F	*Alter*[2]	M
82,08	0	76,64	57,63	25	52,42	33,47	50	28,88	12,22	75	10,15
81,37	1	75,97	56,65	26	51,45	32,55	51	28,01	11,51	76	9,59
80,39	2	75,00	55,66	27	50,49	31,63	52	27,15	10,82	77	9,05
79,41	3	74,01	54,67	28	49,52	30,72	53	26,30	10,15	78	8,52
78,42	4	73,02	53,69	29	48,55	29,81	54	25,46	9,49	79	8,01
77,43	5	72,03	52,70	30	47,58	28,91	55	24,63	8,87	80	7,51
76,44	6	71,04	51,72	31	46,62	28,01	56	23,80	8,27	81	7,03
75,44	7	70,05	50,74	32	45,65	27,12	57	22,98	7,69	82	6,58
74,45	8	69.06	49,75	33	44,68	26,24	58	22,17	7,14	83	6,15
73,46	9	68,07	48,77	34	43,72	25,36	59	21,37	6,63	84	5,75
72,46	10	67,07	47,79	35	42,76	24,49	60	20,58	6,16	85	5,40
71,47	11	66,08	46,82	36	41,80	23,62	61	19,80	5,71	86	5,05
70,47	12	65,08	45,84	37	40,84	22,75	62	19,02	5,28	87	4,71
69,48	13	64,09	44,87	38	39,88	21,89	63	18,26	4,85	88	4,35
68,49	14	63,10	43,89	39	38,93	21,03	64	17,51	4,46	89	4,03
67,49	15	62,11	42,92	40	37,98	20,18	65	16,77	4,11	90	3,76
66,50	16	61,12	41,96	41	37,04	19,33	66	16,04	3,79	91	3,50
65,52	17	60,14	41,00	42	36,11	18,49	67	15,32	3,52	92	3,27
64,53	18	59,17	40,04	43	35,18	17,66	68	14,61	3,27	93	3,06
63,54	19	58,21	39,09	44	34,25	16,84	69	13,92	3,05	94	2,86
62,56	20	57,24	38,13	45	33,34	16,03	70	13,25	2,84	95	2,68
61,58	21	56,28	37,19	46	32,43	15,24	71	12,59	2,66	96	2,52
60.59	22	55,32	36,25	47	31,53	14,46	72	11,95	2,48	97	2,36
59,60	23	54,35	35,32	48	30,64	13,70	73	11,33	2,33	98	2,22
58,62	24	53,39	34,39	49	29,75	12,95	74	10,73	2,18	99	2,09
									2,05	100	1,98

[1]durchschnittliche Lebenserwartung in Jahren, [2] vollendetes Alter

Quelle: Statistisches Bundesamt / 2007

Sich auf -ürzerin, -ippelst, -omben reimende Wörter

-ürzerin
- die Zeitverkürzerin
- die Stürzerin
- die Würzerin

-ippelst
- du hippelst
- du kippelst
- du knippelst
- du rippelst
- du schnippelst
- du tippelst
- du trippelst

-omben
- die Bomben
- die Plomben
- die Hekatomben
- die Katakomben
- die Rhomben

Das bekannteste deutsche Zootier (R.I.P.)

Knautschke
(1943–1988)

Der Flußpferdbulle Knautschke wurde im Mai 1943 geboren und gehörte zu den 91 (von über 4.000) Tieren, die den Zweiten Weltkrieg im fast völlig zerstörten Berliner Zoo überlebten. Weltweit bekannt wurde er mitten im Kalten Krieg: 1949 schwängerte der (West-)Bulle die (Ost-)Flußpferdstuten Grete und Olga aus Leipzig; Sohn Schwabbel zeugte in Leipzig viele Nachkommen, mit Tochter Bulette produzierte Knautschke viele seiner 35 Kinder (deren Mütter wiederum zum Teil seine Töchter beziehungsweise Enkelinnen waren). Tragischerweise wurde Knautschke vom eigenen Sohn Nante entthront – beim Kampf um Bulette, also um seine Mutter und gleichzeitige Halbschwester. Knautschke verlor beim Ringen zwei Eckzähne und seine Lebensfreude, verweigerte die Nahrung und mußte im Juni 1988 abgemagert und krank eingeschläfert werden. Knautschke wurde als erstes Zootier 1977 auf einer Briefmarke der Bundespost abgebildet.

Die drei Urkrankheiten der Menschheit

Psora – Sykose – Syphilis

Für die Homöopathie sind diese drei die Urkrankheiten der Menschheit. Sie seien die Ursache für immer wieder auftretende chronische Erkrankungen. Psora wurde mit der Krätze verglichen, die Sykose mit der Gonorrhö (Tripper) und Syphilis mit dem Schanker, ebenfalls einer Geschlechtskrankheit, gleichgesetzt.

Die Titanen

Okeanos – Koios – Hyperion – Kreios – Iapetos – Kronos*
Tethys – Rheia* – Themis – Mnemosyne – Phoibe – Theia

*Eltern des Zeus

Alltagsgegenstände im Museum

Badewanne – BMW Z3 Roadster
Dosensuppen – Haifische – Urinal

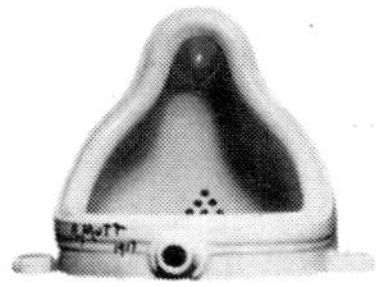

Mittlerweile sind dem Alltag im Museum keine Grenzen gesetzt. Haifische in Formaldehyd oder dreckige Matratzen lösen keinen Schock mehr aus. Nur als 1999 Swetlana Heger und Plamen Dejanov in München statt eines Kunstwerks einen fabrikneuen BMW Z3 Roadster zeigten, zuckte die Kunstkritik zusammen.

Einen Skandal hingegen löste das Urinal von Marcel Duchamp aus, der es als »Fontaine« im Jahr 1917 unter dem Pseudonym R. Mutt (der Name des Herstellers) bei einer Ausstellungsjury einreichte, der er selbst angehörte. Als die Mehrheit die Arbeit ablehnte, war der eingefädelte Skandal perfekt, und Duchamp konnte das mit einem Mal berühmte Werk bereits eine Woche später in der Galerie von Alfred Stieglitz zeigen. Das Original ging danach verloren, seit den fünfziger Jahren sind aber weltweit fünfzehn von Duchamp mit »R. Mutt« signierte Exemplare zu finden.

1962 präsentierte Andy Warhol in einer Galerie seine ersten Siebdrucke, die Suppendosen der Firma »Campbell« zeigen. Sie wurden 1970 bei einer Museumstournee durch Europa und die Vereinigten Staaten gezeigt. Im selben Jahr erzielte eine, allerdings mit der Hand gemalte Suppendose, einen Rekordpreis: 60.000 US-Dollar.

Eine mit Heftpflaster und Filz geschmückte Badewanne von Joseph Beuys hingegen sorgte nicht im Museum, sondern in einer Abstellkammer für großes Aufsehen. Die Emailwanne wurde dort für eine Ausstellung bereitgehalten, aber von arglosen Wahlkämpfern des SPD-Ortsvereins Leverkusen-Alkenrath bei einer Abendveranstaltung entdeckt und als Bierkühler verwendet. Die Heftpflaster gingen ab, Lothar Schirmer, der Besitzer der Wanne, bekam Schadensersatz zugesprochen.

Die europäischen Eisenbahngesellschaften

Belgien	SNCB	Société Nationale des Chemins de Fer Belges
Dänemark	DSB	Danske Statsbaner
Deutschland	DB	Deutsche Bahn AG
Estland	EVR	Eesti Vabariigi Raudteede
Finnland	VR	Valtionrautatiet
Frankreich	SNCF	Société Nationale des Chemins de Fer Français
Großbritannien	BR	British Railway
Irland	IE	Iarnród Éireann
Italien	FS	Ferrovie dello Stato SpA
Kroatien	HZ	Hrvatske Zeleznice
Lettland	LDZ	Latvijas Dzelzceli
Litauen	LG	Lietuvos Gelšinkeliai
Luxemburg	CFL	Société Nationale des Chemins de Fer Luxemburgeois
Niederlande	NS	Nederlandse Spoorwegen
Norwegen	NSB	Norges Statsbaner
Österreich	ÖBB	Österreichische Bundesbahnen
Polen	PKP	Polskie Koleje Państwowe
Portugal	CP	Caminhos de Ferro Portugueses
Rumänien	SNCFR	Societatea Nationala a Cailor Ferate Romane
Schweden	SJ	Statens Järnvägar
Schweiz	SBB	Schweizerische Bundesbahn
Slowakei	ZSR	Železnice Slovenskej republiky
Slowenien	SZ	Slovenske Zeleznice
Spanien	RENFE	Red Nacional de los Ferrocarriles Espanoles
Tschechien	CD	České Dráhy
Ungarn	MAV	Magyar Államvasútak

Das Winkeralphabet

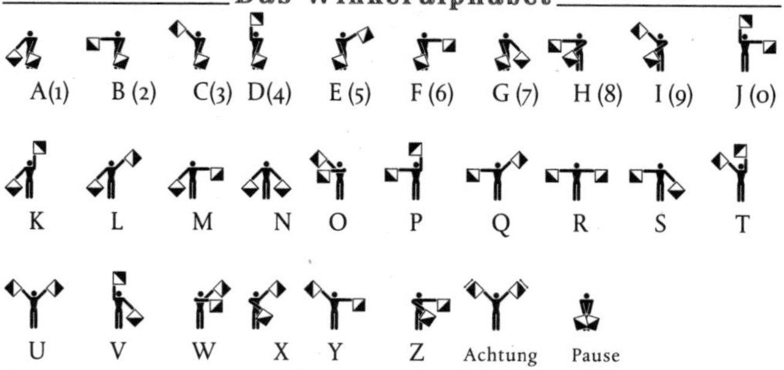

Nordische Götter

Odin, Göttervater *(Sturm, Schlacht, Tote, Weisheit, Dichtkunst, Zauberkunst)* A
Frigg, Göttermutter *(Frau des Odin, Mutter von Balder, Bragi, Hödur, Tyr)* A

Balder, Gott *(Güte, Licht, Sommer, Gewitter)* A
Bragi, Gott *(Beredsamkeit, Dichtkunst)* A
Forseti, Gott *(Friede, Gerechtigkeit, göttlicher Richter)* A
Freyja, Göttin *(Liebe, Fruchtbarkeit)* W
Freyr, Gott *(Fruchtbarkeit, Ernte, Frieden, Opfer)* W
Heimdall, Gott *(Anfang, morgendliches Sonnen- und Tageslicht)* A
Hödur, Gott *(Sohn des Odin und der Frigg, Gegner und Mörder Balders)* A
Iduna, Göttin *(ewige Jugend, Unsterblichkeit)* A
Loki, Gott *(Ende, Feuer)* A
Niörd, Gott *(Meer, Schiffahrt, Fischfang, Handel)* W
Thor, Gott *(Gewitter, Fruchtbarkeit, Feuer)* A
Tyr, Gott *(Krieg)* A
Uller, Gott *(Winter, Jagd)* A
Vidar, Gott *(Verschwiegenheit)* W

A = stammt aus dem Geschlecht der Asen
W = stammt aus dem Geschlecht der Wanen

Katholische Heilige und ihre Patronate, den Körper betreffend

Brustkrankheiten: Agatha · **Armschmerzen:** Amalia · **Warzen, Furunkel, Furcht:** Antonius von Ägypten · **Glückliche Entbindung:** Antonius von Padua, Dominikus von Silos · **Heiserkeit, Schnupfen, Kopfweh:** Bernhardin von Siena, Maurus · **Gewissensbisse, Kropf, Angina, Husten, Blähungen:** Blasius · **Geschlechtskrankeiten:** Fiacrius · **Zungenkrankheiten:** Katharina von Alexandria · **Bei allen Nöten:** Konrad von Parzham · **Drüsenkrankheiten:** Kosmas, Damian · **Beinleiden:** Ludanus Peregrinus · **Ohrenleiden:** Mauritius, Thomas · **Pest:** Rochus · **Seitenstechen:** Stephanus · **Ohnmachten:** Valentin zu Terni · **Hämorrhoiden, Menstruationsbeschwerden, Kreuzweh, Bauchweh, rektales Wundsein, Fußleiden:** Wolfgang

Fünf wunderbare Getränke, die sich leider nur regionaler Beliebtheit erfreuen

Almdudler (Österreich) · Chinotto (Italien) · Faßbrause (Berlin)

Pommac (Schweden) · Rivella (Schweiz)

Gooooooogle

Um sich im Internet zurechtzufinden, benötigt man ein Hilfsmittel. Es heißt »Suchmaschine« und erstellt eine Art Inhaltsregister des Internet (wenn es auch weit davon entfernt ist, den gesamten Inhalt des weltweiten Computernetzwerkes abbilden zu können – der ist schlicht zu umfangreich). Suchmaschinen sind einfache Internetseiten, die den Benutzer auffordern, das Gesuchte mittels eines einfachen Begriffs zu beschreiben. Diesen vergleicht die Maschine mit ihrem Register. Das Ergebnis sind meist viele Seiten mit Hinweisen, wo das Gesuchte möglicherweise zu finden ist. Es bleibt der Geschicklichkeit des Suchenden überlassen, jene Begriffe zu finden, die das Gesuchte am besten beschreiben. Es gibt niemanden mehr, der sich bei der Suche nach Informationen nicht des Internets und seiner Suchmaschinen bedienen würde. So auch dieses Konversations-Lexikon.

Die derzeit größte Suchmaschine heißt **Google**. Sie hat sich binnen weniger Jahre zum wichtigsten Hilfsmittel der Internetnutzung entwickelt, sodass sich für deren Benutzung ein eigenes Verb eingebürgert hat: »googeln«. Seit 2004 ist es im Rechtschreibduden (23.Auflage) offiziell als Verb eingetragen. »Ich google das schnell« heißt also, daß man etwas im Internet sucht. Je nach Suchergebnissen vervielfältigt Google übrigens die »o«s in seinem Namen, so daß viele Treffer mit der Seitenbezeichnung »**Gooooooooooogle**« angekündigt werden. Das ist eine Anspielung auf den Ursprung des Namens der Suchmaschine: Er entstand in Anlehnung an den Begriff Googol, den Milton Sirotta, der Neffe des amerikanischen Mathematikers Edward Kasner, 1938 als 9-jähriger für eine Zahl mit einer Eins und 100 Nullen prägte.

Rund um **Google** haben sich eine eigene Sprache und Kultur – und eine Manipulationsindustrie entwickelt. Um nämlich im Internet gefunden zu werden, ist es von existentieller Bedeutung, möglichst weit vorne auf den Ergebnisseiten von Google aufzutauchen, was viele Anbieter von Internetseiten durch Manipulation zu erreichen versuchen.

Unter **Google**-Whacking, also »**Google** schlagen«, versteht man den Sport, solche Suchbegriffe zusammenzustellen, die exakt 1 Ergebnis liefern – angesichts der aktuell 4,3 Milliarden Internetseiten, die **Google** erfaßt hat, ein ziemliches Kunststück.

Unter **Google**-Onanie schließlich versteht man die wiederholte Eingabe des eigenen Namens, um dann – wie der deutsche Computerjournalist Detlef Borchers so schön schreibt – »erregt die Zahl der Treffer« zu eruieren.

Kulinarische Fachbegriffe der DDR

Broiler (= *Grillhähnchen*) Grilletta (= *Hamburger*) Krusta (=*Pizza*) Sättigungsbeilage (= *Kartoffeln, Nudeln, Reis*) Halloren-Kugeln (= *Sahne- und Kakaocreme-Konfekt*) Schlager-Süß-Tafel (= *Schokoladenimitat*) Herrengedeck (= *Bier mit Sekt*) Kaffee komplett (=*mit Milch u. Zucker*) Zigeunersteak (= *mit Letscho*)

Fünf Substanzen, die einmal als Medikament galten

ARSEN – FLIEGENPILZ – HEROIN – KOKAIN – QUECKSILBER

ARSEN In geringen Mengen verwendet, steigerte es – bei Mensch und Tier – die Leistung und galt bis ins 20. Jahrhundert als kurzfristiges Schönheitsmittel.

FLIEGENPILZ Überall, wo der Fliegenpilz (Amanita muscaria) wächst, wird er seit Jahrtausenden als Rauschmittel verwendet. Schamanen gehen sorgsam mit ihm um, mehr als zehn Arten haben tödliche Wirkung. Heute wird er medizinisch nur noch in der Homöopathie eingesetzt.

HEROIN Als Ersatz für das als Suchtstoff erkannte Morphium synthetisierte man Diacetylmorphin, das ab 1898 als Heroin bezeichnet und von der Firma Bayer kommerziell produziert wurde. Es galt als oral einzunehmendes Hustenmittel. Erst 1932 wurde das ebenfalls recht hohe Suchtpotenzial des Heroins erkannt, und Bayer stellte die Produktion ein.

KOKAIN 1859 wurde Kokain vom italienischen Neurologen Paolo Montegazza als Medikament bei Zahnschmerzen, Verdauungsbeschwerden und Erschöpfungszuständen verwendet. Sigmund Freud untersuchte die Wirkung des später als Suchtgift verwendeten Extrakts aus Blättern des Kokastrauchs und setzte es bei psychischen Erkrankungen und als Schmerzmittel ein. Der Wiener Augenarzt Karl Koller führte mit Kokain als Lokalanästhetikum ab 1884 Staroperationen durch. Bis 1904 mischte es der Apotheker John S. Pemberton in das Getränk, das als Coca Cola bekannt wurde.

QUECKSILBER Findet sich seit dem Altertum in Legierungen. Heute noch ist es Bestandteil des umstrittenen Zahnfüllstoffs Amalgam. Paracelsus (1493–1541) setzte Quecksilber bzw. Quecksilberoxid als Mittel gegen die Syphilis ein; es fand bis 1900 auf diese Weise medizinische Verwendung.

Unglückszahlen

4

Japan, China

13

Deutschland, Österreich, Schweiz und viele andere in Europa und Übersee, Indien, Afrika

17

Italien, Brasilien

Tierarten und ihre geschlechtsspezifischen Bezeichnungen

Weibchen	**Art**	**Männchen**	**Nachwuchs**
Fähe, Dächsin	**Dachs**	Rüde	Geheck
Elchtier	**Elch**	Elchhirsch, Schaufler	Elchhirschkalb
Elephantenkuh	**Elephant**	Elephantenbulle	Kalb
Ente	**Ente**	Erpel, Enterich	Küken
Füchsin, Fähe	**Fuchs**	Fuchs, Rüde	Welpe
Gans	**Gans**	Ganter, Gänserich	Gössel, Küken
Häsin	**Hase**	Rammler	Junghase
Hündin	**Hund**	Rüde	Welpe
Fähe	**Iltis**	Rüde	Junge, Geheck
Häsin	**Kaninchen**	Bock, Rammler	Jungkaninchen
Stute	**Pferd**	Hengst	Fohlen
Weibchen	**Raubvogel**	Terzel	Nestling
Ricke, Geiß	**Reh**	Bock	Kitz
Rottier, Alttier	**Rothirsch**	Hirsch	Hirschkalb
Sau	**Schwein**	Eber	Ferkel
Taube	**Taube**	Tauber	Brut
Walkuh	**Wal**	Walbulle	Walkalb
Fähe	**Wiesel**	Rüde	Junge, Geheck
Bache	**Wildschwein**	Eber, Basse, Keiler	Frischling
Rogener	**Zuchtfische**	Milchner	Rogen, Laich

Verwandlungen

Aus …	wird … werden …	in …	von …
Bär	Prinz	*Schneeweißchen u. Rosenrot*	Brüder Grimm
Bruder	Reh	*Brüderchen u. Schwesterchen*	Brüder Grimm
Frosch	Prinz	*Der Froschkönig*	Brüder Grimm
Jorinde	Nachtigall	*Jorinde u. Joringel*	Brüder Grimm
Männer	Schweine	*Odyssee*	Homer
Pinocchio	Junge	*Die Abenteuer des Pinocchio*	Carlo Lorenzini
Raben	Jungen	*Die sieben Raben*	Brüder Grimm
Samsa, Gregor	Käfer	*Die Verwandlung*	Franz Kafka
Schwäne	Jungen	*Die sechs Schwäne*	Brüder Grimm
Riese (Fafner)	Drache	*Der Ring des Nibelungen*	Richard Wagner
Anakin Skywalker	Darth Vader	*Krieg der Sterne, Episode 3*	George Lucas
Zeus	Stier (u.v.a.m.)	*Metamorphosen*	Ovid
Dr. Jekyll	Mr. Hyde	*Der seltsame Fall des Dr. Jekyll u. Mr. Hyde*	Robert L. Stevenson
Mensch	Schlange	*Metamorphosen*	Ovid
Mensch (Irena Gallier)	Katze	*Katzenmenschen* (USA, 1982)	R: Paul Schrader
Peter Parker	Spider-Man	*Spider-Man* (USA, 2002)	R: Sam Raimi
Bruce Wayne	Batman	*Batman* (USA, 1943)	R: Lambert Hillyer
flauschige Fabelwesen	Monster	*Gremlins* (USA, 1984)	R: Joe Dante
Zettel, der Weber	Esel	*Ein Sommernachtstraum*	William Shakespeare
Schwan	Herzog Gottfried von Brabant	*Lohengrin*	Richard Wagner
Kalif Chasid	Storch	*Die Geschichte von Kalif Storch*	Wilhelm Hauff
Besen	Knecht zum Wasserholen	*Der Zauberlehrling*	Johann Wolfgang von Goethe

Brandlast

Um Menschen vor Schaden zu schützen, gibt es eine Unzahl von Sicherheitsmaßnahmen – so auch bei Gebäuden. Man versucht, sie sicher zu errichten, sie vor Feuer zu bewahren und sich auf den Fall vorzubereiten, daß sie doch einmal zu brennen beginnen. Idealerweise weiß man im letzteren Fall schon vorher, wie heftig ein Feuer in einem bestimmten Teil eines Gebäudes wüten könnte. Um das zu eruieren, sieht man sich um, aus welchem Material der Gebäudeteil besteht und welche Gegenstände vorhanden sind. Anschließend bestimmt man dann die sogenannte Brandlast: Man rechnet zusammen, welche Energie frei wird, wenn all diese Gegenstände zu brennen beginnen. Je höher die Energie > desto höher die Brandlast > umso schlimmer das Feuer. Während Bibliotheken eine sehr hohe Brandlast aufweisen, ist der entsprechende Wert bei Badezimmern gleich Null. In ihnen gibt es schlicht und einfach nichts, das brennen könnte. In Theatern hingegen – die im 19. Jahrhundert besonders gerne und spektakulär abgebrannt sind – gibt es Vorschriften, die die Brandlast des Zuschauerraumes (inkl. Bühne) festlegen. Läßt also ein Regisseur eine Sitzlandschaft aus leicht brennbarem Material auf die Bühne stellen, so muß der Rest des Bühnenbildes aus schwer entflammbarem Metalldekor bestehen – ein Aspekt, der bei Theaterkritiken stärker als bisher berücksichtigt werden sollte.

	Brandlast	
Sanitärbereich	0[1]	MJ/m[2]
Gießerei	40	MJ/m[2]
Büro	300	MJ/m[2]
Wohnung	400	MJ/m[2]
Krankenhaus	500	MJ/m[2]
chemisches Labor	500	MJ/m[2]
Warenhaus	600	MJ/m[2]
Bibliothek	2000	MJ/m[2]

1 Wärmemenge sämtlicher anzurechnender brennbarer Stoffe. Die Angaben sind Annäherungswerte. Der wahre Wert hängt von der konkreten Ausstattung des jeweiligen Raumes ab

2 Megajoule pro Quadratmeter

Wechselnde weibliche Schönheitsideale

Möglichst kleiner Kopf und kleine Brüste *(Altertum)* – Ansehnlich, aber schmucklos *(Mittelalter)* – Porzellanfarbener Teint, Arme und Beine grazil *(Renaissance)* – Hochgestecktes Haar, Körpergewicht versteckt *(Barock)* – Hohe Frisuren, bleiche Haut, mit Rouge gerötete Wangen, kohlengeschwärzte Augenbrauen *(Rokoko)* – Rosiger Teint *(Klassizismus)* – Kurzhaarschnitt, sinnlich geschminkter Mund *(20er Jahre 20. Jhdt.)* – Blond, blauäugig, athletisch *(Nationalsozialismus)* – Vollschlank, großbusig *(50er Jahre 20. Jhdt.)* – Hager, flachbusig, knochig, Twiggy-Typ *(60er Jahre 20. Jhdt.)*

Was ist ein Caftan?

Caftan, Cafetan, ein langer weiter Oberrock ohne Falten, von groben Damast, dergleichen die Türken und übrigen Morgenländer zu tragen, und als Geschenke auszutheilen pflegen.
In Deutschland führet diesen Nahmen zuweilen auch ein leichter Ueberwurf, der mit einem Leibe und engen Ermeln versehen ist, dessen sich die Mannspersonen, um der Bequemlichkeit willen, statt eines Schlafrockes bedienen. In einigen Gegenden lautet dieses Wort auch **Cafter**.
Es ist wohl kein Zweifel, daß wir dieses Wort von den Italienern bekommen haben, bei denen *Caffetano, Caftano*, in gleicher Bedeutung üblich ist, eine Art Kleidung zu bezeichnen, die sie mit dem Namen zugleich aus der Levante eingeführet haben.

Oekonomische Encyklopädie oder allgemeines System der Staats- Stadt- Haus- u. Landwirthschaft in alphabetischer Ordnung, 1773–1858, Johann Georg Krünitz

Die Geburtstage und die Schöpfer einiger Comicfiguren

1845	Struwwelpeter	Dr. Heinrich Hoffmann
1865	Max und Moritz	Wilhelm Busch
1928	Mickey Mouse	Walt Disney, Floyd Gottfredson
1929	Tim und Struppi	Hergé
1929	Popeye	Elzie Crisler Segar
1936	Donald Duck	Al Taliaferro
1938	Superman	Joe Shuster, Jerry Siegel
1950	Peanuts	Charles M. Schulz
1953	Fix und Foxi	Rolf Kauka
1958	Die Schlümpfe	Peyo
1959	Asterix	Albert Uderzo und René Goscinny
1990	Das kleine Arschloch	Walter Moers

Fünf perfekte Zahlen

6 28 496 8128 33550336

Eine Zahl wird dann als perfekt, ideal oder vollkommen bezeichnet, wenn sie sich aus der Summe ihrer (positiven) echten Teiler ergibt – ausgenommen sich selbst. Am einfachsten läßt sich das an der 6 zeigen: Sie läßt sich durch die Zahlen 1, 2 und 3 teilen; deren Summe ergibt die 6 (1 + 2 + 3 = 6).

Die Namen und Synonyme einiger Windows-Computerviren

WORM_NETSKY.P* – HTML_NETSKY.P – WORM_NETSKY.D – VBS_LOVELETTER.A – WORM_SOBER.G+

*Synonyme: W32.Netsky.Q@mm – Win32/Netsky.P@mm – Worm/NetSky.P – W32/Netsky.P.worm
+Synonyme: W32/Sober.g@MM – Win32.Sober.G – W32/Sober-G, Sober.G –I-Worm.Sober.G

Fünf unsinnige Listen

In ihrem leider vergriffenen Buch »Die sexuellen Phantasien der Kohlmeisen« entwerfen Jörg Metes und Tex Rubinowitz eine größere Zahl unsinniger, höchst unterhaltsamer Listen.

Die sieben schwierigsten Positionen im Kamasutra

7. »Das Kleinod der Khali«
6. »Der Gordische Knoten«
5. »Das Labyrinth von Eschnapur«
4. »Die Steuererklärung des Brahmanen«
3. »Was zehn Löwen nicht vermögen, vollbringt ein Kolibri«
2. »Der Ausbruch des Krakatao«
1. »Der Wiederausbruch des Krakatao«

Elf Huldigungen, die Nicolaie Ceauşescu immer besonders gerne hörte

1. Leuchtturm der Gerechtigkeit
2. Mann mit Gehirnzellen aus Silber
3. Erfinder der Weisheit
4. Beherrscher der Orthographie
5. König der Lüfte
6. Verkünder der Lottozahlen
7. Bestäuber der Apfelblüten
8. Mann, dem einfach jede Farbe steht
9. Hirte der Atome
10. Fürst der Finsternis
11. Quasar, der 2.000-Teile-Puzzles löst

Was Inneneinrichter im Schlaf reden

1. »Mehr nach links.« (29%)
2. »Mehr nach rechts.« (22%)
3. »So laß hängen! Scheißegal!« (21%)

Die sechs Versprecher Humphrey Bogarts bei den Dreharbeiten zu »Casablanca«

1. Ich schau dir in die Augen, Großes.
2. Ich schau dir in die Ohren, Kleines.
3. Ich schau dir in die Augen, Ingrid.
4. Ich ruf dich an. Blödsinn!
5. Ich schau dir Ingrid Ausschnitt, Klei... Mist!
6. Ich klau mir was vom Aufschnitt, Reiner.

Zehn ungebräuchliche Namen für Indianerhäuptlinge

10. Wütender Zeisig
9. Brütender Kuckuck
8. Bratender Storch
7. Brennendes Geheimnis
6. Fliegendes Klassenzimmer
5. Quälender Juckreiz
4. Junggebliebener Mittvierziger
3. Verzehrende Leidenschaft
2. Benjamin Blümchen
1. Andreas

_ Die internationalen Varianten der Schloßallee _

In der deutschen und österreichischen Ausgabe des beliebten Brettspiels *Monopoly* heißt die teuerste und gewinnbringendste Straße »**Schloßallee**«. Sie befindet sich direkt vor »Los«, und wer auf ihr zu stehen kommt – zumal, wenn der Besitzer darauf ein Hotel errichtet hat –, ist so gut wie ruiniert. Die deutsche Ausgabe von Monopoly ist übrigens die einzige, die in einer fiktiven Stadt spielt. Die Bezeichnungen der Straßen bei Monopoly variieren von Land zu Land. Hier die Entsprechungen zur deutschen Schloßallee.

Mayfair › Australien · **Nytorv** › Dänemark · **Rue de la Paix** › Frankreich · **Mayfair** › GB · **The Peak** › Hongkong · **Parco della Vittoria** › Italien · **Kalverstraat** › Niederlande · **Rossio** › Portugal · **Norrmamstorg** › Schweden · **Paradeplatz** › Schweiz · **Paseo del Prado** › Spanien · **Boardwalk** › USA

So lange dauert es per Bahn von … nach …

Fahrzeit in Stunden*	Strecke
1	Frankfurt – Köln
2	Berlin – Hamburg
2	Stuttgart – Köln
3	Linz – Graz
3	Stuttgart – Zürich
4	Berlin – Köln
4	Frankfurt – Zürich
4	Hamburg – Köln
6	Berlin – München
6	Hamburg – München
10	Graz – Zürich
10	Hamburg – Wien

* ungefähre Zeitangabe

Einige Anschriften historischer Persönlichkeiten

Avenue Montaigne 12, Paris	Marlene Dietrich	*Letzte Wohnung*
Berggasse 19, Wien	Sigmund Freud	*Wohnung & Ordination*
Bursagasse 6, Tübingen	Friedrich Hölderlin	*Wohnung*
Feldmühlgasse 11, Wien	Gustav Klimt	*Atelier*
Frauenplan 1, Weimar	J.W. von Goethe	*Wohnhaus*
Getreidegasse 9, Salzburg	Wolfgang Amadeus Mozart	*Geburtshaus*
Goldenes Gäßchen 22, Prag	Franz Kafka	*Arbeitsraum*
Humboldtstraße 36, Weimar	Friedrich Nietzsche	*Wohnhaus*
Meldemannstraße 25, Wien	Adolf Hitler	*Männerwohnheim*
Mengstraße 4, Lübeck	Thomas Mann	*Buddenbrook-Haus*
Prinsengracht 263, Amsterdam	Anne Frank	*Versteck*
Prinzessinstraße 3, Königsberg	Immanuel Kant	*Wohnung*
Wickenburggasse 1, Graz	Leopold von Sacher-Masoch	*Wohnung*
Zeltnergasse 12, Prag	Franz Kafka	*Geschäft des Vaters*

Die Farbgraduierungen von Diamanten

RIVER = Blauweiß ◈ TOP WESSELTON = feines Weiß ◈ WESSELTON = weiß ◈ TOP CRYSTAL = leicht getöntes Weiß ◈ CRYSTAL = getöntes Weiß ◈ TOP CAPE = schwach gelblich ◈ CAPE = gelblich ◈ LIGHT YELLOW = schwach gelb ◈ YELLOW = Gelb

Ein Z für ein Y

ES GIBT ZWEI VERSCHIEDENE TASTATUREN, MIT DENEN MAN TEXTE UND BEFEHLE IN LATEINISCHEN BUCHSTABEN IN COMPUTER EINGEBEN KANN:

QWERTZ (EUROPA)
QWERTY (USA)

BENANNT SIND SIE NACH DER ABFOLGE DER ERSTEN SECHS TASTEN, DIE SICH IN DER OBERSTEN BUCHSTABENREIHE LINKS BEFINDEN.

DIE BEIDEN TASTATUREN UNTERSCHEIDEN SICH NICHT WESENTLICH VONEINANDER, SIEHT MAN VON DER – AUS EUROPAEISCHER SICHT – IRRITIERENDEN VERTAUSCHUNG VON Z UND Y EINMAL AB. AUCH IN DER HAEUFIGKEIT DER KRITIK, DIE SIE AUF SICH ZIEHEN, STEHEN DIE BEIDEN TASTATUREN EINANDER IN NICHTS NACH. SIE WURDEN IM JAHR 1868 VON EINEM GEWISSEN CHRISTOPHER LATHAM SHOLES KONZIPIERT UND ZWAR FUER MECHANISCHE SCHREIBMASCHINEN. UM DAS VERHAKEN DER HAEMMERCHEN ZU VERHINDERN, VERTEILTE SHOLES DIE TASTEN SO, DASS HAEUFIG GEBRAUCHTE BUCHSTABEN WEIT VONEINANDER ENTFERNT ZU LIEGEN KAMEN. DAS ERKLAERT DIE UNLOGISCH ANMUTENDE VERTEILUNG DER AS UND AES UND ES – SO ZUMINDEST DER MYTHOS.

ALLE VERSUCHE, QWERTZ BZW. QWERTY AUSZUMUSTERN, SCHEITERTEN BISLANG. SO AUCH DER VERSUCH AUS DEM JAHR 1932, EINE GEWISSE AOEUIDHTNS-TASTATUR ZU LANCIEREN, AUF DER DIE VIELGEBRAUCHTEN BUCHSTABEN NAH BEIEINANDER LIEGEN. DOCH SO SCHLECHT, WIE VIELE MEINEN, IST QWERTZ/Y NICHT: BEI SCHREIBWETTBEWERBEN IN DEN 20ER JAHREN GEWANNEN MANCHMAL BENUTZER DIESER TASTATUR, EIN ANDERMAL JENE VON KONKURRIERENDEN SYSTEMEN.

Berühmte Routen

Hannibal · 218 v. Chr.
Saguntum (Spanien) – **Poebene** (Italien)
850 km

Marco Polo · 1271
Venedig – Peking
12.000 km

Christoph Kolumbus · 1492
Palos de la Frontera (Spanien) –
San Salvador (Bahamas-Inseln)
5.550 km

Charles Lindbergh · 20. Mai 1927
New York – Paris
5.800 km

Thor Heyerdahl · 1947
Callao (Peru) – Raroia (südl. v. Tahiti)
8.000 km

Rallye Paris – Dakar
Paris – Dakar (Senegal)
8.500 km

La Carrera Panamericana
Prudhoe Bay (Alaska) – Ushuaia (Argentinien)
25.000 km

Straße der Entführer
Amman – Bagdad
800 km durch die Wüste

Route 66
Chicago – Los Angeles
3.610 km

Transsibirische Eisenbahn
Moskau – Wladiwostok
9.288 km

Linkshändige Tennisspieler

Jimmy Connors · John McEnroe · Guy Forget · Goran Ivanisevic · Petr Korda
Rod Laver · Feliciano Lopez · Thomas Muster · Martina Navratilova
Monica Seles · Carl-Uwe Steeb · Alexander Wolkow · Mark Woodforde

Persönlichkeiten, auf die ein Tortenattentat verübt wurde

1969: **Marguerite Duras**, Schriftstellerin — 1977: **Ralph Perk**, republikanischer Bürgermeister von Cleveland — 1998: **Bill Gates**, Microsoft-Eigentümer — 1998: **Claudia Nolte**, Mitglied des Deutschen Bundestages — 1998: **John Pepper**, CEO Procter & Gamble — 2000: **Anne Widdecombe**, britische Politikerin — 2000: **Jeffrey Skilling**, CEO Enron — 2001: **Bernhard Vogel**, Ministerpräsident Thüringen — 2001: **König Carl Gustaf von Schweden** — 2003: **Ralph Nader**, US-Verbraucheranwalt — 2004: **Kurt Kutzler**, TU-Präsident Berlin

Ihre Zweitkarriere als effektvolles, aber kaum schmerzhaftes politisches Wurfgeschoß begann die Sahnetorte im Jahr 1969. Seither sehen sich PolitikerInnen, Philosophen, Könige und andere Persönlichkeiten des öffentlichen Lebens mit einer neuen Diskursform konfrontiert. Der berühmteste Tortenaktivist ist Noel Godin, der diese Variante des politischen Schlagabtauschs mit dem Wurf auf Marguerite Duras 1969 begonnen hat. Seine Bewegung »Patissiers sans frontières« ist seitdem unermüdlich auf der Suche nach Opfern. Aber es gibt auch unerkannt gebliebene und stümperhaft agierende Aktivisten, wie man am Attentat auf König Carl Gustaf von Schweden im September 2001 sehen konnte. Spitzenreiter im Feld der international am liebsten beworfenen Persönlichkeiten ist der französische Philosoph Bernard-Henry Lévy, den sein Schicksal schon sechsmal ereilte.

Weitere Torten-Opfer:
Jean-Luc Godard, Regisseur — **Patrick Poivre d'Arvor**, französischer TV-Sprecher — **Milton Friedman**, US-Wirtschaftswissenschaftler — **Jerzy Buzek**, polnischer Ministerpräsident — **Jean-Pierre Chevenement**, französischer Innenminister — **Patrick Moynihan**, UNO-Botschafter — **Bernard-Henry Lévy**, französischer Philosoph

Berühmte Tortenanarchisten:
Noel Godin und die *Patissiers sans frontières* — Aron Kay — Sue Kuklick — Die Groucho-Marxisten — Die Revolutionary 3 Stooges Brigade — Die BBB (Biologische Bäcker Brigade) — Tom Forcade — Agent Rasberry — Agent Blueberry — Agent Coconut Cream

Althergebrachte mitteleuropäische Einträge im Wetterkalender

EISHEILIGE

11.–13. Mai (Nordeutschland)
12.–15. Mai (Süddeutschland)
An diesen Tagen – die den Heiligen Mamertus, Pankratius, Servatius, Bonifatius und Sophie (»Kalte Sophie«) gewidmet sind – besteht zum letzten Mal vor dem Sommer die Gefahr, daß es zu einer Kälteperiode mit Nachtfrost kommt.

SCHAFSKÄLTE

um den 11. Juni
Kühle, oft regenreiche Tage nach einer ersten sommerlich warmen Witterung Ende Mai; man wartet mit dem Scheren der Schafe bis nach der »Schafskälte«.

SIEBENSCHLÄFER

27. Juni
»Regnet's am Siebenschläfertag, es sieben Wochen regnen mag.«

HUNDSTAGE

23. Juli – 24. August
Eine anhaltende Schönwetterperiode, benannt nach dem Sirius (»Hundsstern«), in dessen Nähe die Sonne in dieser Zeit steht.

ALTWEIBERSOMMER

September
Schönwetterperiode im Herbst; Ursprung der Bezeichnung umstritten.

Europäische Promillegrenzen

0,0 Promille Y Estland · Rumänien · Slowakei · Tschechien · Ungarn Y **0,2 Promille** Y Norwegen · Polen · Schweden Y **0,4 Promille** Y Litauen Y **0,5 Promille** Y Belgien · Bulgarien · Dänemark · Deutschland · Finnland · Frankreich · Griechenland · Italien · Jugoslawien · Kroatien · Lettland · Mazedonien · Niederlande · Österreich · Portugal · Schweiz · Slowenien · Spanien · Türkei[1] Y **0,8 Promille** Y Großbritannien · Irland · Luxemburg

[1]nur für PKW ohne Anhänger

Das Kursieren der Euros

Als am 1.1.2002 Belgien, Deutschland, Finnland, Frankreich, Griechenland, Irland, Italien, Luxemburg, Niederlande, Österreich, Portugal und Spanien die gemeinsame europäische Währung einführten, gab es eine Reihe von Voraussagen, was die Verbreitung der nationalen Euro-Münzen und -Scheine betraf. Einige dieser Vorhersagen sind eingetroffen – so beispielsweise die, daß größere Münzen weiter herumkommen als kleine, weshalb die 2-Euro-Münze allen anderen voran ist.
Die Behauptung des Statistikprofessors Dietrich Stoyan von der TU Bergakademie Freiberg hingegen, daß es bei der Verteilung von Euro-Münzen zu einem bestimmten Gleichgewicht kommen werde, ist nicht eingetroffen. Er hatte erwartet, daß schon recht bald zehn Prozent der in Deutschland kursierenden 1-Euro-Münzen aus dem Ausland stammen würden. Das trat nicht ein. Der Prozentsatz der »Ausländer« stieg nach der Sommerurlaubszeit zwar kurzfristig auf 5 Prozent, ging dann aber beinahe auf Null zurück. Das dürfte auf eine Leidenschaft der Deutschen (und all der anderen) zurückzuführen sein, die niemand eingerechnet hatte: Die Menschen sammeln die Münzen.

Der jüdische Kalender

1. Nissan (März-April)
2. Ijjar (April-Mai)
3. Siwan (Mai-Juni)
4. Tammus (Juni-Juli)
5. Aw (Juli-August)
6. Elul (August-September)
7. Tischri (September-Oktober)
8. Marcheschwan (Oktober-November)
9. Kislew (November-Dezember)
10. Tewet (Dezember-Januar)
11. Schwat (Januar-Februar)
12. Adar (Februar-März)

Nach dem jüdischen Kalender, der im Jahre 3761 v. Chr. einsetzt und der im übrigen nur Monate von 29 und 30 Tagen kennt, dafür aber in periodischen Abständen einen 13. (Schalt-) Monat hinzunimmt, erschien *Dr. Ankowitschs Kleines Konversations-Lexikon* erstmals im Jahre 5765.

Die Grand-Slam-Turniere

Datum	Ort	Turnier	Belag	Preisgeld
Januar/Februar	Melbourne / Melbourne Park	Australian Open	Hartplatz	19,1 Mio australische Dollar
Mai/Juni	Paris / Roland Garros	French Open	Sand	15,2 Mio Euro
Juni/Juli	London / Wimbledon	All England Championships	Rasen	11,3 Mio englische Pfund
August/September	New York / Flushing Meadows	US Open	Hartplatz	19,6 Mio US-Dollar

Im internationalen Profi-Tennis gibt es vier besondere Wettkämpfe, die Grand-Slam-Turniere. Sie sind nicht nur besonders prestigeträchtig, sondern sie bringen auch hohe Preisgelder und die meisten Punkte für die Weltrangliste.

Wer während eines Jahres alle vier Turniere gewinnt, der hat den »Grand Slam« geschafft – zuletzt war das Steffi Graf im Jahr 1988. Ist der Gewinn des Grand Slam schon außergewöhnlich (insgesamt ist das nur sechs Mal einem Spieler gelungen), so grenzt der zweimalige Gewinn eines Grand Slam an Unwahrscheinlichkeit. Der Australier Rod Laver hat es dennoch geschafft und zwar 1962 und 1969.

Die Preisgeldangaben gelten für das Jahr 2007.

Die Verbreitung von Internetservern

Rang	Land	Internetserver pro 100 Einwohner	Domain
1	Cocos Islands	5964,8	cc
2	Niue	870,2	nu
3	Christmas Island	366,6	cx
4	Tuvalu	81,6	tv
5	Island	25,1	is
6	Finnland	22,3	fi
7	Dänemark	21,9	dk
8	Pitcairn Islands	20	pn
9	Tonga	18,6	to
10	Niederlande	15,4	nl
...			
	Deutschland	3,6	de

Die Farben der Judogürtel

Grad	Gürtelfarbe
9. Kyu	weiß
8. Kyu	weiß-gelb
7. Kyu	gelb
6. Kyu	gelb-orange
5. Kyu	orange
4. Kyu	orange-grün
3. Kyu	grün
2. Kyu	blau
1. Kyu	braun
1. bis 5. Dan	schwarz
6. bis 8. Dan	rot-weiß
9. und 10. Dan	rot

Das Können eines Judokämpfers ist an der Farbe seines Gürtels erkennbar. Man unterscheidet Schülergrade (Kyu) und Meistergrade (Dan). Die Grade sind in aufsteigender Reihenfolge angegeben. Der 6.–10. Dan werden nicht erworben, sondern verliehen.

Die 5 Wirkungsprinzipien von Kneipp

Wasser – Bewegung – Ernährung
Heilpflanzen – Ordnung in der Lebensgestaltung

Sebastian Kneipp war ein bayerischer Priester und Hydrotherapeut. Er wurde am 17. Mai 1821 in Stephansried geboren und ist der Namensgeber einer Wasserkur, die sich breiter Beliebtheit erfreut.

Die Hohlräume des menschlichen Kopfes

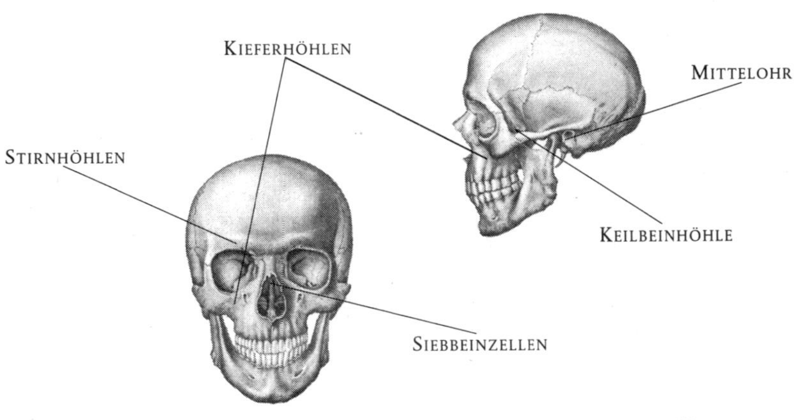

Wieviele kommunikationsfähige Zivilisationen gibt es in unserer Milchstraße?

18,75

Dies legt zumindest der Astrophysiker Frank Drake nahe und zwar auf der Basis einer 1961 von ihm entwickelten Formel. Sie sieht kompliziert aus, ist aber einfach aufgebaut.

R x Fp x Ne x Fl x Fi x Fc x L = N

Die Formel geht davon aus, daß es rund 400 Milliarden Sterne in unserer Galaxis gibt. Schritt für Schritt reduziert Drake mithilfe seiner Formel diese gigantische Zahl, indem er all jene Bedingungen berücksichtigt, die seines Erachtens nach gegeben sein müssen, damit sich eine Zivilisation entwickelt, die zur Kommunikation fähig ist und deren Signale wir daher empfangen können.

Die einzelnen Elemente der Formel lauten (das x steht für die Multiplikation der entsprechenden Zahlen, in Klammern unsere Annahmen):

R = gibt an, wieviele Sternformationen in unserer Galaxie pro Jahr vermutlich entstehen, die für die Entwicklung intelligenten Lebens geeignet sind (100 Sternformationen)

Fp = gibt an, wieviel Prozent dieser Sternformationen vermutlich ein Sonnensystem aufweisen (5%)

Ne = gibt die vermutliche Anzahl jener Sonnensysteme an, die für die Entwicklung von Leben geeignet erscheinen (30 Sonnensysteme)

Fl = gibt an, auf wieviel Prozent dieser Sonnensysteme sich vermutlich Leben entwickelt hat (5%)

Fi = gibt an, auf wieviel Prozent dieser Sonnensysteme sich vermutlich intelligentes Leben entwickelt hat (5%)

Fc = gibt an, auf wieviel Prozent dieser Sonnensysteme die intelligenten Lebewesen vermutlich technische Fähigkeiten entwickelt haben (5%)

L = gibt an, wie lange diese intelligenten, zur Technik fähigen Lebewesen vermutlich in der Lage sind, elektromagnetische Strahlungen auszusenden, die wir entdecken können (1.000 Jahre)

N = schließlich steht für das Ergebnis der Formel, also die Anzahl der Zivilisationen in unserer Milchstraße, deren elektromagnetische Strahlungen vermutlich empfangbar sind (in unserem Fall 18,75). Je nachdem, wie hoch man die Wahrscheinlichkeiten für die einzelnen Elemente der Formel ansetzt, variiert das Ergebnis. Im Internet existieren eine Reihe von Drake Equation Calculators, mit denen man die eigenen Vermutungen zu konkreten Zahlen werden lassen kann.

Flug-Handgepäck

Anzahl pro Person Economy	1
Anzahl pro Person Business	2
Maximale Größe des Handgepäcks	55 x 40 x 20 cm bzw. 22 x 16 x 8 inch
Maximale Größe eines Kleidersacks	55 x 52 x 15 cm bzw. 22 x 21 x 6 inch
Gewicht	max. 8 Kilogramm

Zusätzlich zum Handgepäck sind erlaubt

1 Mantel oder Umhang
1 Handtasche
1 Regenschirm oder Spazierstock
1 kleine Kamera
1 Fernglas
eine angemessene Menge Reiselektüre
Kindernahrung für den Flug
1 Babytragekorb oder -tasche

Die häufigsten Todesursachen in Deutschland

Todesursache	Todesfälle pro Jahr
Erkrankung des Kreislaufsystems	367.361
Krebsleiden	211.396
bösartige Neubildungen der Verdauungsorgane	68.585
Verletzungen und Vergiftungen	33.024
bösartige Neubildungen der Brustdrüse	17.455
Suizid	10.260
insgesamt	830.227

Quelle: Statistisches Bundesamt Deutschland
Stand: 15. September 2006

Vier Dinge, die man vor dem Schreiben eines Drehbuchs kennen sollte

1. Den Anfang
2. Den Schluß bzw. die Auflösung
3. Den Plot Point am Ende des 1. Akts (= 25 Minuten nach Filmbeginn bzw. auf Seite 25-27 des Drehbuches)
4. Den Plot Point am Ende des 2. Akts (= 80-95 Minuten nach Filmbeginn)

Die Plot Points sind jene Momente im Ablauf eines Films, an denen etwas Unvorhergesehenes geschieht: Ereignisse, Zwischenfälle, die die Geschichte voranbewegen, in sie eingreifen oder in eine andere Richtung lenken – jedenfalls immer auf die Lösung zu. Das fertige Drehbuch mag bis zu 15 Plot Points enthalten, doch ohne die beiden oben genannten bestimmt zu haben, kann man nicht mit dem Schreiben beginnen.

Gestern eßbar - heute giftig

Der Grünling
(Tricholoma equestre)
giftig seit 2002

Wie schnell sich die Einschätzung eines Pilzes ändern kann, was dessen Genießbarkeit bzw. Giftigkeit betrifft, zeigt eindrucksvoll das Beispiel des Grünlings. So schreibt Hans E. Laux in seinem »Großen Kosmos Pilzführer. Alle Speisepilze mit ihren giftigen Doppelgängern« in der Ausgabe von 2001 noch: »Verwendung: Essbar« (Seite 154).
Nur ein Jahr später heißt es im »Neuen Kosmos PilzAtlas« desselben Autors im selben Verlag: »Wissenswertes: Der Grünling wurde bislang als hervorragender Speisepilz geschätzt und war ein beliebter Marktpilz. In einer Studie haben französische Wissenschaftler festgestellt, daß der Pilz Rhabdomyolyse, das heißt eine Muskeldegeneration und Nekrose bewirken kann. Damit einhergehende Komplikationen haben zum Tod von drei Menschen geführt. Vom Verzehr ist künftig abzuraten.«

Der Kahle Krempling

(Paxillus involutus)
giftig seit Mitte der 90er

Rudolf Winkler skizziert in »2000 Pilze einfach bestimmen« (Aarau 1996) die Rezeptionsgeschichte des Pilzes. Der Kahle Krempling sei »heimtückisch giftig«. Diese Erkenntnis ist nicht alt, in der Literatur läßt sich eine ziemlich erschreckende Entwicklung verfolgen. Im »Taschenbuch der Pilze« von W. Cleff aus dem Jahre 1909 steht: »… und zählt mit zu den wohlschmeckendsten und wertvollsten Pilzen.« Im »Handbuch für Pilzfreunde« (Michael/Hennig), Bd. 1, aus dem Jahre 1958 erscheint eine Warnung: »essbar, aber roh genossen giftig", und im Text ist mit fetter Schrift angefügt: »Längeres Kochen (25 Min.) ist unbedingt erforderlich.« Bei F.M. Engel im Jahre 1965 heißt es wieder etwas weniger streng: »… ein schmackhafter Speisepilz, wenn auch der Magen des einen oder anderen Pilzfreundes allergisch reagiert, dann vor allem, wenn der Pilz roh oder unzureichend gekocht genossen wird.« Heute wird vom Genuß diese Pilzes dringend abgeraten.« Denn auch langes Erhitzen stellt keine Garantie für ein Nichterkranken dar, obwohl das im rohen Pilz enthaltene Gift dabei zerstört wird.

Aber der Verzehr des Kahlen Kremplings bewirkt eine Sensibilisierung des Körpers auf ein Pilzantigen. Dieses Antigen löst im Blut eine Antikörperbildung aus, diese Antikörper vereinigen sich später mit den Antigenen des Pilzes zu einem Antigen-Antikörper-Komplex, lagern sich an den roten Blutkörperchen an und lösen diese auf. Dabei treten nach einmaligem Verzehr oft nur geringe und darum wenig beachtete Symptome auf, erst nach mehrmaligem Verzehr kann es zu schweren Erkrankungen oder gar zum Tod kommen.

Rezept für Citronen=Biskuit

Man reibt die Hälfte der obern Schale einer grünen Citrone, thut das Geriebene, nebst 4 Eyerdottern und 1/2 Pfund gestoßenem Zucker, in eine Schüssel, und rührt solches mit zween Rührlöffeln wohl unter einander, schlägt sodann das Weiße von 8 Eyern zu einem steifen Schaum, thut solches nebst 1/4 Pfund Mehl, welches man zuvor durch ein Sieb hat gehen lassen, auch dazu, und menget dieses alles wohl unter einander. Endlich wird dieser Biscuit in einer gehörig vorbereiteten Form, und einem gelinde geheitzten Ofen langsam gar gebacken. *

* Oekonomische Encyklopädie oder allgemeines System der Staats- Stadt- Haus- u. Landwirthschaft in alphabetischer Ordnung, 1773–1858, Johann Georg Krünitz

Wiener Kaffee-Varianten

Geläufige Zubereitungsarten

Brauner	g/k	Schwarzer Kaffee mit Kaffeeobers in extra Kännchen serviert
Einspänner		Schwarzer Kaffee oder Mocca, mit einer Schlagobershaube, im Glas
Franziskaner		Melange mit Schlagobers
Kurzer		Mocca mit wenig Wasser
Melange	l/d	Halb Mocca – halb heiße Milch, Milchschaum
Mocca (Espresso/Schwarzer)	e/dd, g/k	Schwarzer Kaffee aus der Espressomaschine
Schale Gold	g/k	Mocca mit heiß geschäumter Milch
Verlängerter		Kleiner Mocca oder Brauner mit heißem Wasser auf die Menge eines großen Mocca verlängert

Spezielle Zubereitungsarten

Biedermeier Kaffee	Großer Mocca mit Marillenlikör und Schlagobers
Fiaker	Mocca mit Rum, Cognac, Kirschwasser mit Schlagobershaube, im Glas
Kaffee verkehrt	Sehr heller Milchkaffee, mehr Milch als Kaffee
Kaisermelange	Mocca mit geschlagenem Eigelb und Honig oder Zucker
Kapuziner	Großer Mocca mit einem Schuß Milch oder Schlagobers
Konsul	Großer Mocca mit einem Spritzer Obers
Maria Theresia	Mocca mit einem Schuß Orangenlikör
Mozart Kaffee	Großer Mocca mit Cherry Brandy und Schlagobers
Obermayer	Großer Mocca, auf dem eine dünne Schicht kalten Obers schwimmt
Wiener Eiskaffee	Vanilleeis mit erkaltetem Mocca und viel Schlagobers
Glas Wasser	Obligate Beigabe zu jeder Art von Kaffee; wird in der Regel beliebig oft nachgeliefert, kostenlos

Die (lange ignorierte) Konkurrenz

Espresso · Cappuccino · Café au lait · Caffè latte · Caffè macchiato · Caffè mocca · Caffè nero · Caffè ristretto · Doppio · Latte macchiato

k = klein · g = groß · e = einfach · dd = doppelt stark · l = licht (mehr Milch/Obers) · d = dunkel (weniger Milch/Obers)

Sehr kurze Geschichte einiger sehr unbedeutender Kolonialmächte

DEUTSCHLAND
Kaiser-Wilhelms-Land · Bismarck-Inseln im Bismarck-Archipel · Salomonen · Karolinen · Marianen · Palau · Nauru · Marshall-Inseln · Samoa · Kiau-Tschou-Bucht · Togo · Kamerun

ÖSTERREICH
Nikobaren · Tientsin

SCHWEIZ
-

DEUTSCHLAND
Sieht man von einzelnen Beteiligungen an kolonialen Unternehmungen (Venezuela, afrikanische Westküste, westindische Insel St. Thomas) ab, so beanspruchte Deutschland erst sehr spät, nämlich gegen Ende des 19. Jahrhunderts, einen Platz unter den Kolonialmächten der Welt.
Die ersten Initiativen kamen von privater Seite. 1882 erwarb Adolf Lüderitz, ein Bremer Kaufmann, Gebiete im späteren Deutsch-Südwestafrika (heute Namibia). 1884 schloss Carl Peters die ersten Verträge mit der Kolonie Deutsch-Ostafrika (heute Tansania). Im selben Jahr begann die eigentliche Kolonialgeschichte Deutschlands, indem die privaten Kolonien unter staatlichen Schutz gestellt und als »Schutzgebiete« bezeichnet wurden.
1885 erfolgte die Besetzung der pazifischen Gebiete Nord-Neuguinea (Kaiser-Wilhelms-Land) und des Bismarck-Archipels, die 1899 offiziell in deutsche Verwaltung übergingen (Deutsch-Neuguinea = Gebiete der Neuguinea-Kompanie: das Kaiser-Wilhelms-Land, die Bismarck-Inseln im Bismarck-Archipel, die Salomonen, die Karolinen, die Marianen, Palau, Nauru und die Marshall-Inseln).
Mit dem Machtantritt von Kaiser Wilhelm II. 1888 ging eine aktivere Anspruchshaltung einher (»Ein Platz an der Sonne«), die jedoch nur noch kleine Besitzungen brachte: 1889 Samoa im Südpazifik, 1898 die chinesische Bucht Kiau-Tschou (mit der Hauptsatdt Tsingtao), des weiteren Togo und Kamerun in Afrika.
Der 1. Weltkrieg und der Vertrag von Versailles beendeten 1918 und 1920 sämtliche Kolonialverhältnisse Deutschlands.

ÖSTERREICH
Österreich blickt auf eine kurze Kolonialgeschichte zurück. Kapitän Wilhelm Bolts segelte 1776 Richtung Asien und errichtete zwischen 1778 und 1785 österreichische Kolonien auf den Nikobaren, einer Inselgruppe im Indischen Ozean, die jedoch bald wieder aufgegeben werden mußten. Danach wurden sie von Großbritannien kolonisiert.

SCHWEIZ
Die Schweiz selbst hat keine Kolonien erworben, bildete jedoch über Jahrhunderte Söldner aus, die in Kolonialkriegen zum Einsatz kamen – ob auf holländischer, französischer oder englischer Seite.

Wann ist ein Tor ein Tor und ein Abseits ein Abseits?

Diese beiden Fragen klärt der DFB, also der Deutsche Fußballbund, durch die Regel 10 (»Wie ein Tor erzielt wird«) und Regel 11 (»Abseits«).

Regel 10:
Torerzielung
Ein Tor ist gültig erzielt, wenn der Ball vollständig die Torlinie zwischen den Torpfosten und unter der Querlatte überschritten hat, ohne daß die Regeln vorher von der Mannschaft übertreten wurden, zu deren Gunsten das Tor erzielt wurde.

Regel 11:
Abseitsposition
Die Abseitsstellung eines Spielers stellt an sich noch keine Regelübertretung dar.
Ein Spieler befindet sich in einer Abseitsstellung,

- wenn er der gegnerischen Torlinie näher ist als der Ball und der vorletzte Abwehrspieler.

Ein Spieler befindet sich nicht in einer Abseitsstellung,

- in seiner eigenen Spielfeldhälfte oder
- auf gleicher Höhe mit dem vorletzten Abwehrspieler oder
- auf gleicher Höhe mit den beiden letzten Abwehrspielern.

Anweisungen des DFB
1. Entscheidend für die Bewertung, ob ein Spieler sich in Abseitsstellung befindet, ist immer seine Position im Augenblick der Ballabgabe durch den Mitspieler, nicht im Moment der Ballannahme.
2. Eine Abseitsstellung ist nur strafbar, wenn der Spieler auf das Spielgeschehen einwirkt oder einen Vorteil erlangt.
3. Wenn ein Ball offensichtlich zu einem Spieler gespielt wird, der sich in einer Abseitsposition befindet, und auch nur dieser Spieler den Ball bekommen kann, so hebt der Asisstent in dem Augenblick die Fahne, wo er dies erkennt, bzw. der Schiedsrichter pfeift auch dann schon Abseits. (...)
4. Ein bei der Ballabgabe passiv abseits stehender Spieler ist dann als strafbar abseits zu bewerten, wenn er ins Spiel eingreift, weil die Ballabgabe indirekt zuihm gelangt und er damit aus seiner Stellung einen Vorteil zieht.
5. Ein Spieler verstößt nicht gegen die Regel, wenn er in Abseitsstellung ist und über die Grenzlinien des Spielfeldes geht, um dem Schiedsrichter klar zu zeigen, dass er am Spiel nicht teilnimmt. (...)
6. Der Schiedsrichter-Assistent zeigt nur strafbares Abseits an.

Aphrodisiaka, die in fast jedem Haushalt zu finden sind

Gewürze:

Anis · Basilikum · Bohnenkraut · Ingwer · Kardamom · Kresse · Muskatnuss · Nelken · Paprika · Petersilie · Pfeffer · Safran · Schnittlauch · Senf · Zimt

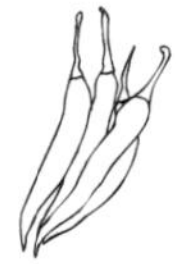

Nahrungsmittel:

Eier · Eßkastanie · Gurke · Knoblauch · Melonen · Nüsse · Pfirsiche · Rettich · Sellerie · Spargel · Tomaten · Zwiebeln

Dübelarten

Allzweckdübel · Dämmstoffdübel · Federklappdübel · Federspiraldübel · Flossendübel · Gipskartondübel · Hinterschnittdübel · Hohlraumdübel · Injektionsdübel · Kippdübel · Leichtbaudübel · Metall-Hohlraumdübel · Metall-Vielzweckdübel · Rahmendübel · Schlagdübel · Schwerlastdübel · Spiralendübel · Spreizdübel

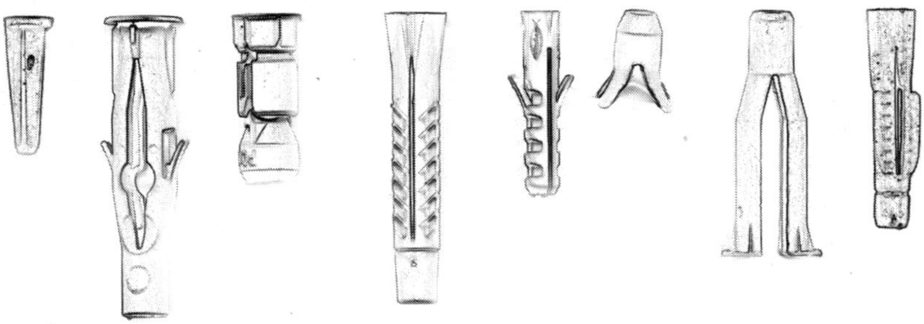

Dübel verwendet man, um Gegenstände mittels Schrauben stabil an Wänden zu befestigen. Erst wird ein Loch in die Wand gebohrt und dann der Dübel hineingesteckt; er bietet der Schraube den nötigen Halt.

Je nach Art der Wand und den jeweiligen Erfordernissen gibt es eine Reihe unterschiedlicher Dübel; sie sind aus Stahl oder Kunststoff gefertigt, manche bestehen auch aus Klebstoff.

Lange Zeit galt der Spreizdübel als Standard-Dübel; der Klassiker in dieser Dübelart ist der S-Dübel der Firma »fischer« – ein Kunststoffdübel, der die Befestigungstechnik revolutionierte. Er kam im Jahr 1958 als erster Nylondübel auf den Markt und ist heute der meistproduzierte Dübel der Welt.

Die wichtigsten Gesellschaftsformen

AG › Aktiengesellschaft · **GbR** › Gesellschaft bürgerlichen Rechts · **GmbH & Co. KG** › Sonderform der Kommanditgesellschaft · **GmbH** (österr. **GesmbH**) › Gesellschaft mit beschränkter Haftung · **KG** › Kommanditgesellschaft · **KGaA** › Kommanditgesellschaft auf Aktien · **OHG** › Offene Handelsgesellschaft

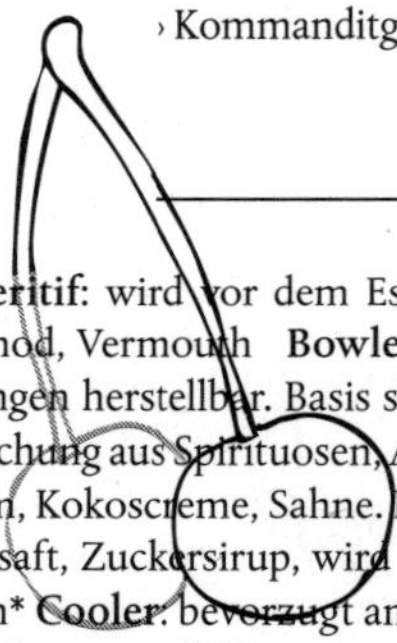

Kleine Getränke-Kunde

Aperitif: wird vor dem Essen getrunken, um den Appetit anzuregen. Klassiker: Campari, Pernod, Vermouth **Bowle**: beliebtes Misch-Getränk für größere Feste, weil leicht in großen Mengen herstellbar. Basis sind meist Wein, Sekt, Champagner. Klassiker: Sangria **Cocktail**: Mischung aus Spirituosen, Aromen, Auffüller. Siehe Collins / Fizz / Sour **Colada**: enthält meist Rum, Kokoscreme, Sahne. Klassiker: Piña Colada **Collins**: besteht aus Basisspirituose, Zitronensaft, Zuckersirup, wird nur im Glas des Gastes zubereitet. Trägt meist männliche Vornamen* **Cooler**: bevorzugt an heißen Tagen serviert, weil erfrischend. Enthält meist kohlensäurehaltigen Auffüller wie Ginger Ale **Digestiv**: wird nach dem Essen getrunken, um bei der Verdauung zu helfen **Fizz**: gehört zu den Cocktails. Besteht aus Basisspirituose, Zitronensaft, Zuckersirup. Schäumendes Erfrischungsgetränk mit Sodawasser aufgefüllt **Flip**: gehört zu den Cocktails, wird mit Ei oder Eidotter zubereitet **Longdrink**: besteht oft nur aus wenig Alkohol mit einem großen Anteil an Auffüllern. Klassiker: Campari Orange, Gin Tonic **Sour**: gehört zu den Cocktails. Besteht meist aus einer Spirituose, Zitronensaft, Zuckersirup. Anders als beim Fizz wird kein Auffüller, weniger Eis und ein kleineres Glas verwendet

* Collins auf Basis von Scotch Whisky heißt SANDY Collins

Maultier vs. Maulesel

Je nachdem, wer mit wem einen Nachkommen zeugt, lautet auch dessen Bezeichnung. Fortpflanzungsfähig ist weder das eine noch der andere.

Pferdestute + Eselhengst = Maultier
Eselstute + Pferdehengst = Maulesel

Goldreserven

USA:	8133,5	Tonnen*
Deutschland:	3422,5	
IWF (Internationaler Währungsfonds):	3217,3	
Frankreich:	2748,6	
Italien:	2451,8	
Schweiz:	1290,1	
Japan:	765,2	
EZB (Europäische Zentralbank):	662,9	
Niederlande:	653,9	
China:	600,0	
Spanien:	425,0	
Taiwan:	423,3	
Rußland:	394,1	
Portugal:	382,6	
Indien:	357,7	
Venezuela:	356,8	
Großbritannien	310,3	
Österreich:	288,7	

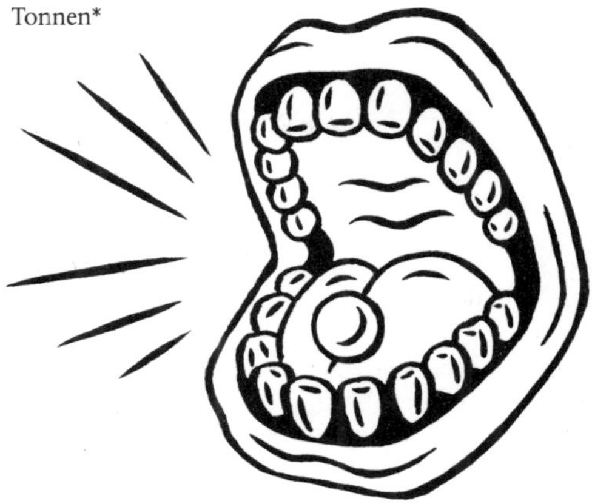

* Goldreserven im Jahr 2006

Gold diente bis Anfang der siebziger Jahre als allein maßgebliche Sicherheit für die ausgegebene Währung eines Staates. In den vergangenen Jahren verkauften aber Länder wie Kanada, die Niederlande und Belgien große Teile ihrer Goldreserven, da das Gold seine Bedeutung als Währungsstütze und Garantie in zwischenstaatlichen Handelsverträgen verloren hat. Angeblich soll sich die Volksrepublik China das Gold gesichert haben, da aufstrebende Ökonomien stärkerer Sicherheiten bedürfen.
Bis 2009 werden die EU-Notenbanken (sowie die Schweiz und Schweden) insgesamt 2.500 Tonnen ihrer momentan 14.357 Tonnen Goldreserven verkaufen. An die Stelle des Goldes sind Devisenreserven getreten.
Ein großer Teil der deutschen Goldreserven liegt in den Tresoren der Federal Reserve Bank of New York – ein Relikt des Kalten Krieges, denn bei einem sowjetischen Einmarsch sollte diesen der Schatz nicht in die Hände fallen.
Die Goldvorräte der Vereinigten Staaten von Amerika wiederum werden größtenteils in Fort Knox aufbewahrt, in Form ziegelgroßer Barren, die ohne Verpackung aufeinandergestapelt sind.

Wörter, die heute nicht mehr mit C geschrieben werden

Cabeljau · Cabinet[1] · Cadenz · Caftan · Cajüte · Calculieren · Calender · Caliber · Camel[1] · Camera · Camerad · Cameradschaft · Canal · Caninchen · Capelle · Capital · Capitalist · Capuze · Carton · Casse · Cement · Centner · Ceremoniel · Charlatan · Chocolade · Citrone · Civil · Clausel · Clavier · Clystier · Coloß · Columne · Commode · Compagnon · Compaß · Concurrenz · Conferenz · Consens · Conserve · Conto · Contrast · Conversations-Lexikon · Correspondenz · Credit

[1] *außer der Zigarettenmarke*

Deutsch-österreichisch-deutsche Mißverständnisse …

… samt einem kleinen Notfall-Wörterbuch zur Vermeidung zukünftiger.

Österreichisch-deutsche Missverständnisse

Ö sagt	Ö meint	D versteht
angreifen	anfassen	attackieren
ausrasten	ausruhen	ausflippen
ausrichten	übel nachreden	Nachricht übermitteln
(sich) ausgehen	(das wird) klappen	abends weggehen
aufnehmen	jemanden anstellen	Unterschlupf gewähren
anstehen	nicht weiter wissen	auf etwas warten
herausschauen	lohnen	in die Ferne blicken
Kasten	(Kleider-)Schrank	Kiste
Klappe	telephonische Nebenstelle	Mund; Klappfach
Mantelsack	Manteltasche	Tüte mit Mantel
Mehlspeise	Süßspeise	etwas Unansehnliches
Palatschinke	Pfannkuchen	rätselhaftes Fleischgericht
Schubladkasten	Kommode	Kiste mit Schubladen
verkühlen	erkälten	unterkühlen
Frankfurter	Wiener Würstchen	Frankfurter Einwohner
Sessel	Stuhl	Sessel (gepolstert)

Deutsch-österreichische Mißverständnisse

D sagt	D meint	Ö versteht
Mücke	Gelse	Fruchtfliege
Brötchen	Semmel	kleines, belegtes Brot
anstecken	anrauchen	ans Revers heften
Servus!	freundlichen Gruß	plumpe Vertraulichkeit

Österreichisch-deutsches Notwörterbuch zum Herausnehmen

Ö	D	Ö	D
Abwasch	Spüle	letschert	schlapp
alleinig	ohne Begleitung	Marille	Aprikose
Anfangen	beginnen	Matura	Abitur
Antauchen	Schwung nehmen	Mezzanin	Zwischengeschoß
Backrohr	Backofen	Mitvergangenheit	Imperfekt
Badewaschel	Bademeister	Pantscherl	Techtelmechtel
Bamperletsch	Kind	papá! (babá!)	tschüs!
Bampfen	mampfen	Paradeiser	Tomate
Beistrich	Komma	Parteienverkehr	Öffnungszeiten eines Amtes
Biskotte	Löffelbiskuit	Plafond	Zimmerdecke
Bramburi	Kartoffel	Polster	Kissen
Chuzpe	Frechheit	präpotent	überheblich
daheim	zu Hause	Rauchfang	Schornstein
Deka(-gramm) (grundlegende Gewichtseinheit)	10 Gramm	Retourmatch	Rückspiel
Eiklar	Eiweiß	Ringelspiel	Karussell
Eiskasten	Kühlschrank	Rollbalken	Rolladen
Erdapfel	Kartoffel	Sackerl	Tüte
Erlagschein	Zahlschein	Schas (mit Quasteln)	Furz (Riesenunsinn)
Faschiertes	Hackfleisch	Schnürlsamthose	Kordhose
Fiaker	Wiener Pferdekutsche	Schwammerl	Pilz
Fleischhauer	Metzger	Semmel	Brötchen
Garçonniere	Einzimmerwohnung	sempern	jammern
Gendarmerie	Land-Polizei	Spital	Krankenhaus
Germ	Hefe	Spompanadeln	Unsinnigkeiten
Gspaßlaberln	Brüste	Stoppel	Kork
Handsemmel	händisch geformtes Brötchen	stummes h	Dehnungs-h
Hangerl	Geschirrtuch	Trafik	Tabakladen/Kiosk
Hörnchen	kleine, gebogene Nudel	Trafikant	Tabakladenbesitzer
ident	identisch	Tuchent	Bettdecke
Karfiol	Blumenkohl	unterstandslos	obdachlos
Korrespondenzkarte	Postkarte	urgieren	anmahnen
Kracherl	Limonade	Wetterfleck	Lodenumhang
Kukuruz	Mais	Wimmerl	Pickel/kleiner Rucksack
		Zibebe	Rosine
		Zuckerl	Bonbon
		Zuseher	Zuschauer

Die Streiche von Max und Moritz

1. Streich: Max und Moritz legen einen Köder für Witwe Boltes geliebte Hühner aus: An die vier Enden zweier verknoteter Schnüre binden sie Brotstückchen. Die Hühner schlucken das Brot samt Schnur und strangulieren sich an einem Ast.
2. Streich: Die weinende Witwe Bolte brät die Hühnchen. Als sie in den Keller geht, um Sauerkohl zu holen, entwenden Max und Moritz die Brathühnchen mittels einer Angel, die sie durch den Schornstein hängen; anschließend verschlingen sie ihre Beute auf einen Sitz.
3. Streich: Max und Moritz sägen die kleine Brükke vor Schneider Böcks Haus an und verhöhnen ihn anschließend. Böck will sie daraufhin mit der Elle verprügeln. Die Brücke bricht entzwei, Böck fällt ins Wasser und bekommt Magendrücken.
4. Streich: Max und Moritz füllen die Pfeife des Lehrers Lämpel mit Flintenpulver. Als sich Lämpel nach dem Orgelspiel in der Kirche das wohlverdiente Pfeifchen anzündet, explodiert es und verstümmelt ihn an Gesicht und Händen.
5. Streich: Max und Moritz sammeln Maikäfer und stecken sie Onkel Fritz ins Bett, worauf dessen Nachtruhe empfindlich gestört wird.

6 Streich: Bei ihrem Einbruch in die Bäckerei fallen Max und Moritz in einen Trog mit Kuchenteig. Als der Bäckermeister die beiden teigüberzogenen Gestalten entdeckt, formt er sie zu Broten und bäckt sie im Ofen. Max und Moritz knabbern sich durch die Teighülle und fliehen in die Kornkammer.

7. Streich: Dort schneiden sie Löcher in die Kornsäcke. Bauer Mecke, der gekommen ist, um das Korn zum Mahlen zu bringen, entdeckt die beiden Übeltäter, steckt sie kopfüber in einen Sack und bringt sie zur Mühle. Dort werden sie fein geschrotet und von den Enten des Müllers aufgefressen. Das geplagte Dorf atmet erleichtert auf, als es vom Tod der beiden Jungen hört.

Gebräuchliche Wörter jiddischer Herkunft

A abzocken, angeschickert, ausbaldowern **B** betucht **C** Chuzpe **D** dufte **E** einseifen **F** flöten gehen **G** Gasse, Gemauschel, Geseire **K** kabbeln, Kaff, Kies, Kluft **M** Massel, mauscheln, meschugge, Mezzie*, mies **N** Nassauer, nebbich, Nebbochant* **P** pleite **S** schäkern, Schlamassel/Schlamastik, Schmus, schofel, Stuss **T** Tacheles, Tinnef **U** Untam* **V** verkohlen, vermasseln **Z** zocken, Zoff

*in Österreich gebräuchliche Begriffe. Mezzie = Schnäppchen; Nebbochant = Ignorant; Untam = ungeschickte Person.

Wie hoch können Bäume maximal werden?

130 Meter

Denn sie sind nicht in der Lage, das lebensnotwendige Wasser in eine größere Höhe als diese zu transportieren; Schuld daran hat die Schwerkraft.

Die Poesie des Branchenverzeichnisses

A Abtretmatten B Balkonverkleidungen, siehe auch Kostümverleih ◊ Bandstahlschnitte ◊ Bautennachweise ◊ Beregnungsanlagen, siehe auch meteorologischer Stationsbedarf ◊ Besteckeinbauten, siehe auch aufwendige Maurerarbeiten ◊ Bierleitungsreinigung, siehe auch Flaschenbürsten ◊ Bindesysteme, siehe auch Schnürsenkel ◊ Blattmetalle, siehe auch neue Materialkreuzungen ◊ Brautfahrzeuge ◊ Bund der selbständigen Masseure e.V. ◊ Bundesmonopolverwaltung für Branntwein D Dachkantenprofile ◊ Dolmetscher Twi, Kisuaheli, Haussa, Fulla, Krio, Lingala ◊ Dosierpumpen E Endlosformulare ◊ Erdungsanlagen F Fahrtreppen ◊ Falttüren ◊ Farbnebelabsauganlagen ◊ Fernsehmöbel ◊ Füllstandmessgeräte G Garderobenmarken ◊ Geldschranköffnungen ◊ Geldschranktransporte, siehe auch Zubehör für Einbrecher ◊ Geldzählkassen ◊ Grundwasserabsenkungen ◊ Gurkeneinlegereien H Handyschulen ◊ Harmonikatüren ◊ Hausbockbekämpfung ◊ Hubwagen I Interimsmanagment ◊ Investorenleitstelle K Kabelschuhe, siehe auch Schuhe allgemein ◊ Kircheneinrichtungen und -bedarf, siehe auch IKEA ◊ Klavierstimmer ◊ Kühlturmbau L Läppmittel ◊ Luftdichtheitsprüfungen M Massivdecken ◊ Medienbeobachtung O Ölöfenwartung ◊ Organisationsmittel P Pfahlgründungen R Rabitzarbeiten ◊ Rasensoden S Sargfabriken ◊ Sauerkohl-Fabriken ◊ Spulenwickeleien ◊ Sterilisatorenbau ◊ Stille Portiers, siehe auch Zeitarbeit U Unsichtbare Augengläser W Wächterkontrolluhren ◊ Wespennotdienst ◊ Wünschelrutengänger ◊ Wurfsendungen

Persönlichkeiten, die adoptiert wurden

Name des Adoptierten	Name des/der Adoptierenden	Grund der Adoption
Erich Schumann	Erich Brost	Erhalt der Anteile an der WAZ
Steven Jobs (Apple), geb. als Steven Paulis	Familie Jobs	Steven war zur Adoption freigegeben
Karl Prinzhorn, geb. Karl Philipp Ernst Ferdinand Alwig Kilian von Schwarzenberg	Thomas Prinzhorn	—
Borja Thyssen, Sohn von Carmen Baronin Thyssen-Bornemisza aus ihrer ersten Ehe mit Lex Barker	Hans-Heinrich Baron Thyssen-Bornemisza	Stiefsohn
Winifred Wagner, geb. Williams	Ehepaar Klindworth	Tod der Eltern
Joachim von Ribbentrop 1893–1946, erst 1925 adoptiert	Adoptiert durch Tante Gertrud von Ribbentrop aus dem geadelten Zweig der Familie	Führung des Adelstitels
Frédéric Prinz von Anhalt (eigentlich: Robert Lichtenberg, Sohn eines Polizisten; verheiratet mit Zsa Zsa Gabor)	Prinzessin Marie Auguste von Anhalt	Über Vermittlung des Titelhändlers Konsul Hans-Hermann Weyer
Nero (röm. Kaiser)	Claudius (sein Vorgänger)	Nachfolgesicherung
Franz Jägerstätter	Heinrich Jägerstätter	wg Kinderlosigkeit der eigenen Ehe mit der Mutter Franz Jägerstätters
Lorenzo da Ponte (1749-1838; eigtl.: Emanuele Conegliano, Librettist von Mozarts »Hochzeit des Figaro«, »Così fan tutte« und »Don Giovanni«.	Bischof da Ponte von Venedig	Juden, die konvertieren und Karriere machen wollten, ließen sich im Italien des 18. Jahrhunderts häufig von einem katholischen Würdenträger adoptieren.

Die alte und neue Art des Schreibens

Über viele Jahrhunderte war die korrekte Rechtschreibung mehr oder minder Privatsache. Jeder schrieb, wie er es für richtig hielt – wenn er denn überhaupt in der Lage war zu schreiben.
Das änderte sich erst mit der Gründung des Deutschen Reichs im Jahr 1871. Der preußische Kultusminister Adalbert Falk berief 1876 eine Konferenz zur »Herstellung größerer Einigung in der deutschen Rechtschreibung« ein. Sie erfüllte nach vier Jahren ihren Zweck und machte – ohne es gewollt zu haben – den Konferenz-Teilnehmer Konrad Duden zum jahrzehntelangen Hüter der korrekten Orthographie.
Es sollte bis 1987 dauern, bis die deutsche Kultusministerkonferenz die Sache in die Hand nahm – und für ein heilloses Durcheinander sorgte. Das brach aus, als die Öffentlichkeit im Jahr 1996 erstaunt feststellte, daß eben eine neue Rechtschreibung beschlossen worden war, die binnen zweier Jahre in Kraft treten sollte. Sie sah eine Reihe widersinniger Neuerungen vor. Große Medien wie z.B. die FAZ, Bild, Der Spiegel und die SZ weigerten sich, Ketschup und Schifffahrt zu schreiben (wie übrigens auch der Autor dieses kleinen Lexikons). Das führte dazu, daß es 2006 eine Reform der Reform gab, die vieles wieder erlaubte, was ehedem verboten war.

Sechs hilfreiche Tips für den Alltag

Kaffeebohnen zum Alkohol kauen: Um einen Schwips zu verhindern, während des Alkoholgenusses halbstündlich drei bis vier Kaffeebohnen gut zerkauen.

Schuhe am Nachmittag kaufen: Schuhe nachmittags kaufen, da morgens die Füße kleiner sind.

Klaviertasten wieder weiss bekommen: Mit Zahnpasta werden gelb gewordene Klaviertasten wieder weiß.

Fischgräte steckt in der Speiseröhre: Langsam einen Eßlöffel Essig schlürfen, anschließend trockenes Brot essen. Essig macht die Gräte weich.

Ledersohle wasserdicht machen: Bestreicht man Ledersohlen mit Leinöl, werden sie fest und wasserdicht.

Whisky als Medizin: Um sich bei Reisen vor Krankheiten zu schützen, die durch Bakterien hervorgerufen werden, täglich einen Schluck Whisky trinken.

Sirenentöne und ihre Bedeutung

Allgemeine Richtlinien der Bundesrepublik Deutschland*

1 Minute Dauerton – 2 mal unterbrochen
Feuerwehralarm
bei Feuer und anderen Notständen

1 Minute Heulton – auf- und abschwellend
Katastrophenalarm
Warnung der Bevölkerung, schützende Räumlichkeiten aufsuchen

1 Minute Dauerton ohne Unterbrechung
Entwarnung
weitere Entwicklung über Radio und TV beachten

Allgemeine Bestimmungen für Österreich

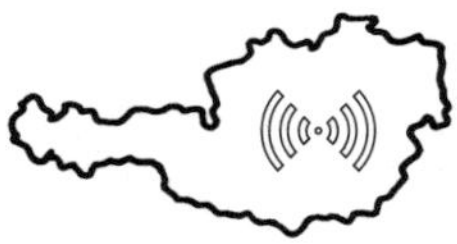

3 Minuten Dauerton
Warnung
Verhaltensmaßnahmen in Radio und TV beachten

1 Minute Heulton
Alarm
schützende Räumlichkeiten aufsuchen

1 Minute Dauerton
Entwarnung
weitere Hinweise über Radio und TV beachten

3 mal 15 Sekunden Dauerton – dazwischen
jeweils 7 Sekunden Pause
Feuerwehreinsatz

15 Sekunden Dauerton
Sirenenprobe
jeden Samstag um 12 Uhr

Allgemeine Bestimmungen für die Schweiz

1 Minute regelmäßig an- und abschwellender Heulton
Allgemeiner Alarm

6 an- und abschwellende Heultöne von je 12 Sekunden Dauer
mit Pausen von je 12 Sekunden Dauer
Strahlenalarm

1 Minute hoher Dauerton
C-Alarm

12 tiefe Dauertöne von 20 Sekunden Dauer
mit Pausen von je 10 Sekunden Dauer
Wasseralarm

* Die »Verordnung über öffentliche Schallzeichen« legt die allgemeinen Richtlinien zur Warnung und Alamierung der Bevölkerung bei Unwettern, Katastrophen- und Schadensereignissen fest.

Einige Surrealisten

<Louis Aragon · Antonin Artaud · André Breton · Luis Buñuel · Giorgio de Chirico · Salvadore Dalí · Paul Delvaux · Marcel Duchamp · Paul Eluard · Max Ernst · Michel Leiris · René Magritte · Joan Miró · Francis Picabia · Man Ray · Tristan Tzara

Louis Aragon Antonin Artaud André Breton Luis Buñuel Giorgio de Chirico Salvadore Dalí Paul Delvaux Marcel Duchamp Paul Eluard Max Ernst Michel Leiris René Magritte Joan Miró Francis Picabia Man Ray Tristan Tzara

Im »Ersten Manifest des Surrealismus« definiert André Breton 1924 den Begriff Surrealismus folgendermaßen: *»Reiner psychischer Automatismus, durch den man […] den wirklichen Ablauf des Denkens auszudrücken versucht. Denk-Diktat ohne jede Kontrolle durch die Vernunft, jenseits jeder ästhetischen oder ethischen Überlegung. […] Der Surrealismus beruht auf dem Glauben an die höhere Wirklichkeit gewisser, bis dahin vernachlässigter Assoziationsformen, an die Allmacht des Traumes, an das zweckfreie Spiel des Denkens. Er zielt auf die endgültige Zerstörung aller anderen psychischen Mechanismen und will sich zur Lösung der hauptsächlichen Lebensprobleme an ihre Stelle setzen.«*

Die Dauer der Welt

Während unsere Zeitrechnung – zumindest theoretisch – unendlich ist, wir uns also ein beliebig fernes Datum ausdenken können, ist das bei Computern ganz anders. Sie sind dazu gezwungen, ihre Zeitrechnung irgendwann beginnen und irgendwann enden zu lassen, und diese Zeitrechnung zur Grundlage ihrer Kalender zu machen. Hier die Genesis in der Version einiger Softwareversionen:

01.01.1776*	iPod Kalender	
01.01.1904	Palm Pilot	31.12.2031
01.01.1904	MacOS 9	31.12.2039
01.01.1969	MacOS X	31.12.2037
01.01.1970	Unix	
01.01.1972	Weltzeit Kontrollpunkt*	
01.01.1980	DOS, Windows 3.x 95/98	31.12.2099

*mindestens

*vgl. Zeitgesetz, S. 84 f.

Liebesboten

Rote Rose – Deutschland · Lotusblüte – Ägypten · Pfingstrose – China · Chrysantheme – Japan

Europäische Tempolimits

	Autobahn (in km/h)	Schnellstraße (in km/h)	Über Land (in km/h)	Ortsgebiet (in km/h)
Belgien	120	120	90	50
Dänemark	130	80	80	50
Deutschland	—[1]	100	100	50
Frankreich	130	110	90	50
Griechenland	120[2]	120[2]	110[3]	50[4]
Großbritannien	112	112	96	48[5]
Italien	130	110	90	50
Kroatien	130	110	90	50
Luxemburg	130	—	90	50
Monaco	50	50	50	50
Niederlande	120	100	80	50
Norwegen	90	90	80	50
Österreich	130	130	100	50
Polen	130	—	90	50[6]
Schweiz	120	100	80	50
Spanien	120	100	90/100	50

[1]empfohlene Richtgeschwindigkeit 130 km/h / [2]Motorrad 90 / [3]Motorrad 70 / [4]Motorrad 40 / [5]Motorrad 50 / [6]Motorrad 60

Volksmusikgruppen, die wo das Wort »Original« im Namen tragen

Die Jungen Original Oberkrainer (Ö) · Die Original Fidelen Lavanttaler (Ö) · Ernst Mosch und seine Original Egerländer Musikanten (D) · Original Alpenland Quintett (Ö) · Original Alpinkatzen (Ö) · Original Bavaria Sextett (D) · Original Bodensee Express (D) · Original Enzian Trio (Ö) · Original Hohner Dorfmusikanten (D) · Original Kern Buam (Ö) · Original Loisach-Express (Ö) · Original Naabtal-Duo (D) · Original Oberkrainer (Ö) · Original Oberpfälzer Volksmusik (D) · Original Rodensteiner Spitzbuben (D) · Original Schloppetaler Musikanten (D) · Original Steinsbergmusikanten (D) · Original Thüringen Duo (D) · Original Tiroler Spatzen (Ö) · Original Vogtlandecho (D) · Original Vorarlberger Musikanten (Ö) · Original Zillertaler (Ö) · Original Fidele Käsekrainer(Ö)

Anzeichen für Aberglauben

Freitag, der 13. › *bringt Unglück* – **Die Zahl 13 im allgemeinen** › *bringt Unglück* – **Sternschnuppe sehen und sich was wünschen** › *Wunsch geht in Erfüllung* – **Vierblättrigen Klee finden** › *bringt Glück* – **Von rechts kommende schwarze Katze sehen** › *bringt Unglück* – **Bernstein um den Hals tragen** › *erleichtert Kindern das Zahnen* – **Unter einer Leiter durchgehen** › *bringt Unglück* – **Zigarette an einer Kerze anzünden** › *ein Seemann stirbt* – **Die Uhr bleibt stehen** › *jemand in der Familie stirbt* – **Einen Spiegel zerbrechen** › *bringt sieben Jahre Pech* – **Ausgefallene Wimper wegblasen und sich was wünschen** › *Wunsch geht in Erfüllung* – **Messer / Schere verschenken, ohne es/sie sich mit einem symbolischen Betrag bezahlen zu lassen** › *zerschneidet die Freundschaft* – **Auf der Theaterbühne essen bzw. einen Schirm aufspannen bzw. pfeifen bzw. privaten Hut tragen** › *bringt alles Unglück bzw. die nächste Vorstellung wird ausgepfiffen* – **Einem Schauspieler »Alles Gute« wünschen** › *bringt Unglück* – **Einem Schauspieler »Toi toi toi« bzw. »Hals und Beinbruch« wünschen** › *bringt Glück* – **Sich für das gewünschte »Toi toi toi« bzw. »Hals und Beinbruch« bedanken** › *bringt Unglück* – **Voraussagen, daß die nächste Theatervorstellung bzw. die nächste Produktion ein Erfolg wird** › *bringt Unglück* – **Dreimal auf Holz klopfen, nachdem sich jemand bedankt hat bzw. etwas »berufen« bzw. »verschrieen« hat** › *verhindert das drohende Unglück in letzter Sekunde* – **Dem anderen dreimal über die linke Schulter spucken** › *bringt Glück* – **Salz über die Schulter werfen** › *bringt Glück* – **Zu Silvester Blei gießen** › *die gegossenen Dinge prophezeien wichtige Ereignisse des kommenden Jahres* – **Zwischen Weihnachten und Silvester Wäsche aufhängen** › *die Totengeister fangen sich darin* – **Drei Menschen hintereinander mit einem Streichholz Feuer geben** › *bringt Unglück* – **Als Requisiten gedachte Speisen auch tatsächlich aufessen** › *bringt Unglück.*

Deutsche Begriffe, die im Englischen Verwendung finden

angst · bildungsroman · blitzkrieg · ding an sich · dirndl · doppelganger · dummkopf · ersatz · fahrvergnugen · fest · fraulein · frauleinwunder · fuehrer · gedankenexperiment · gemutlich · gestalt · glockenspiel · Gotterdammerung · hausfrau · heldentenor · hinterland · kaffeeklatsch · kaput · katzenjammer · Kinder, Kirche, Kuche · kindergarten · kitsch · mensch · nicht wahr? · poltergeist · rucksack · sauerkraut · schadenfreude · schmaltz · schwarmerei · spiel · schlepp · turnverein · urtext · wald · wedeln · weltschmerz

Gebräuchliche Abkürzungen des Managements

C	E	O	Chief Executive Officer
C	F	O	Chief Financial Officer
C	C	O	Chief Creative Officer
C	I	O	Chief Information Officer
C	O	O	Chief Operating Officer

Rhetorische Gassenhauer

»Alles fließt« (Heraklit) > »Es gibt kein richtiges Leben im falschen« (Theodor W. Adorno) > »Cogito ergo sum.« (René Descartes) > »Ich weiß, daß ich nichts weiß« (Sokrates) > »Homo homini lupus« (Thomas Hobbes) > »Über Geschmack lässt sich nicht disputieren« (Immanuel Kant) > »Liebe macht blind« (Plato) > »Errare humanum est« (Hieronymus) > »Das Mittelmaß bleibt und regiert am Ende der Welt.« (Georg Friedrich Wilhelm Hegel) > »Edel sei der Mensch, hülfreich und gut« (Johann Wolfgang von Goethe) > »Das Sein bestimmt das Bewusstsein« (Karl Marx) > »Jedem das Seine« (der römische Jurist Ulpian) > »Der Mensch lebt nicht vom Brot allein« (Matthäus 4:4) > »Das Nichts nichtet« (Martin Heidegger) > »Die Axt im Haus erspart den Zimmermann« (Schiller) > »Jeder ist seines Glükkes Schmied« …

Die drei Grundfarben

BLAU

Yves Klein – *IKB79* – Tate Gallery London

ROT

Barnett Newman – *Covenant* – Hirshhorn Museum and Sculpture Garden, Washington DC

GELB

Josef Albers – *Homage to the Square* – Tate Gallery London

Das richtige Ohr für Liebesschwüre

Liebesschwüre flüstert man am besten in das linke Ohr seines Gegenübers. Es ist – wie die linke Hand – mit der rechten Hirnhemisphäre verbunden, die eher auf die Verarbeitung emotionaler Eindrücke spezialisiert ist. Die linke Hirnhemisphäre hingegen, die über das rechte Ohr und die rechte Hand angesprochen wird, ist eher auf logische Inhalte fokussiert. Übrigens bleiben Inhalte, die mit starken Emotionen verbunden sind, länger im Gedächtnis als andere.

Einige Firmen, die heißen wie ihre Gründer bzw. Eigentümer

ADIDAS	Adolf (»Adi«) Dassler	Sportartikelhersteller
BAHLSEN	Werner M. Bahlsen	Süßwaren
BAUER	Heinz Bauer	Verlag
BOGNER	Willy Bogner	Mode
BURDA	Hubert Burda	Verlag
C&A	Clemens & August Brenninkmeijer	Bekleidungshäuser
DEICHMANN	Heinrich Deichmann	Schuhhändler
DRÄGERWERK	Stefan Dräger	Medizingeräte
EDUSCHO	**Edu**ard **Scho**pf	Kaffeeröster
EHAPA	**E**rnst **H**erbert **A**lbert **Pa**ul	Comic-Verlag
ERASCO	Paul **Eras**mi und **Co**mpagnon	Fertiggerichtehersteller
FABER-CASTELL	Anton Wolfgang Graf von Faber-Castell	Schreibwaren
FALKE	Paul und Franz-Peter Falke	Strümpfe
FIELMANN	Günther Fielmann	Brillen
HAKLE	**Ha**ns **Kle**nk	Toilettenpapier
HARIBO	**Ha**ns **Ri**egel **Bo**nn	Süßwarenproduzent
HENGSTENBERG	Steffen Hengstenberg	Lebensmittel
HERTIE	**Her**mann **Tie**tz	Kaufhauskette
HIPP	Klaus Hipp	Babynahrung
JACOBS	Klaus J. Jacobs	Kaffee
KÄFER	Michael Käfer	Delikatessen
LANGENSCHEIDT	Florian Langenscheidt	Verlag
LINKS	Christoph Links	Verlag
MIELE	Markus Miele	Waschmaschinen
OETKER	Dr. h. c. August Oetker	Backwaren
OTTO	Michael Otto	Versand
RITTER	Alfred Ritter	Schokolade
RODENSTOCK	Randolf Rodenstock	Brillen
SIXT	Erich Sixt	Autoverleih
UNDERBERG	Emil Underberg	Spirituosen
VELTINS	Susanne Veltins	Brauerei
VERPOORTEN	William Verpoorten	Eierlikör
VILLEROY-BOCH	Wendelin und Brigitte von Boch	Innenausstattung
VIVIL	Alexander Müller-Vivil	Bonbonhersteller
WEMPE	Kim-Eva Wempe	Juwelier
WOLF	Gregor Wolf	Gartengeräte

Die Härtegrade des Wassers

Wenn Wasser einen hohen Anteil an Calcium, Magnesium und anderen Erdalkaliverbindungen enthält, dann bezeichnet man es als »hart«; andernfalls – wie beispielsweise im Falle von Regenwasser – spricht man von »weichem Wasser«.

0–4° dH*	sehr weiches Wasser	Härtebereich 1	Brixen, Ortsteil Vahrn (1,7°)
4–8°	weiches Wasser	Härtebereich 2	Wien (6°–11°)
8–12°	mittelhartes Wasser	Härtebereich 3	Zürich (8°–12°)
12–18°	ziemlich hartes Wasser	Härtebereich 4	München (13°–18°)
18–30°	hartes Wasser		Köln linksrheinisch (18°–20°)
über 30°	sehr hartes Wasser		Würzburg (37°)

* Grad deutscher Härte

Neue Hunderassen

Anerkannt	Name	gekreuzt aus
1987	**Elo**	Wolfsspitzen, Chow-Chows, Samojeden und Bobtails
1994	**Wäller**	französische und australische Hütehunde, Briard, Australian Shepherd
Mitte 90er Jahre	**Boston-Basenji**	Boston-Terrier und Basenji
1997	**Germanischer Bärenhund**	verschiedene große Hirten- und Hütehunde

Die internationale Anerkennung einer neuen Hunderasse obliegt der »Fédération Cynologique Internationale« in Belgien. Ist sie erfolgt, bekommt die neue Rasse eine Nummer. Die nationale Anerkennung wiederum ist Sache des »Vereins für das deutsche Hundewesen« (VDH), der seinerseits Mitglied der FCI ist.

Die Hüter des Kilogramms

Um das lange Zeit herrschende Durcheinander aller möglichen Maße zu beseitigen, verständigten sich die Staaten im 19. Jahrhundert auf ein internationales Einheitensystem (Système International d'Unités, SI). Es legt sieben universelle Maßeinheiten fest (Meter, Kilogramm, Sekunde etc.). Will also jemand zum Ausdruck bringen, wie schwer etwas ist, kann er das (aus Sicht des SI) nur durch die Angabe in Kilogramm bzw. in davon abgeleiteten Einheiten tun.

Nur: Wieviel wiegt ein Kilogramm eigentlich?

Um diese Frage erschöpfend zu klären, einigte sich eine Gruppe führender Industrienationen seinerzeit auf die sogenannte Meterkonvention. Darin verpflichten sie sich zur Verwendung des metrischen Systems. Außerdem oblag ihrer Generalkonferenz die exakte Festlegung, wie schwer ein Kilogramm zu sein hat; zu diesem Zweck hat sie das »Urkilogramm« geschaffen, einen Zylinder aus Platin und Iridium, und baugleiche Kopien an all jene Länder ausgehändigt, die ihr angehören. Deutschland hat die Nummer 52.

Außerdem hat die Meterkonvention vier Institutionen geschaffen, die alle Fragen, das Kilogramm und den Meter betreffend, restlos klären:

Name der Organisation	Abkürzung / Originalname	Funktion
Generalkonferenz für Maß und Gewicht	CGPM Conference Générale des Poids et Mesures	höchstes Organ der Meterkonvention, Diskussion und Anordnung notwendiger Messungen
Internationales Komitee für Maß und Gewicht	CIPM Comité International des Poids et Mesures	Beratung der CGPM
Internationales Büro für Maß und Gewicht	BIPM Bureau International des Poids et Mesures	ständiges internationales Institut, Aufbewahrung und Kontrolle des internationalen Prototyps des Kilogramms
Beratende Komitees	CC Comités Consultatifs	vom Komitee eingesetzt zur Unterstützung bei metrologischen Arbeiten

Die Härtegrade von Mineralien

10. Diamant
9. Korund (Safir, Rubin)
8. Topas
7. Quarz
6. Feldspat
5. Apatit
4. Flußspat
3. Kalkspat
2. Steinsalz
1. Talk

Entwickelt hat diese vergleichende Skala der Härtegrade der Mineraloge Friedrich Mohs (1773–1839); sie findet unter Gemmologen bis heute Verwendung. Definiert wird die Härte eines Minerals in dieser Skala durch seine Beständigkeit einem anderen Mineral gegenüber, mit dem man die Oberfläche ritzt. Jedes Mineral kann von dem über ihm stehenden geritzt werden und kann das unter ihm ritzen. Die Skala stellt zwar eine Rangordnung dar, sie gibt jedoch keine Auskunft darüber, um wieviel ein Mineral härter als ein anderes ist.

Sieben medizinische Handgriffe

Bracht-Handgriff *zur Geburtsunterstützung bei einer Beckenendlage des Kindes*
Credé-Handgriff *zur Plazentalösung bei einer Störung der natürlichen Lösung*
Esmarch-Heiberg-Handgriff *zum Öffnen des Mundes bei Bewußtlosen*
Heimlich-Handgriff *als Erste-Hilfe-Maßnahme bei Erstickungsgefahr durch einen Fremdkörper*
Leopold-Handgriffe *zur manuellen Untersuchung einer Schwangeren*
Rautek-Griff *zur Rettung hilfloser Personen aus Gefahrenbereichen*
Veit-Smellie-Handgriff *zur Geburtsunterstützung bei einer Beckenendlage des Kindes*

Das Ohr am All

Auf der Erde gibt es eine Reihe von Versuchen, Außerirdische und deren Signale zu finden. Der liebenswerteste und unter Computernutzern bekannteste Versuch ist SETI@home*, der an der Universität von Kalifornien, Berkeley, koordiniert wird.

* SETI steht für Search for Extraterrestrial Intelligence

Anstatt mit aufwendigen Fernrohren ins All zu starren, bedient sich SETI einer vergleichsweise einfachen, aber effektiven Methode: Es horcht das All ab. Und versucht, in dem beständigen Hintergrundrauschen des Weltraums Radiosignale zu lokalisieren, die auf die Existenz außerirdischer Intelligenz schließen lassen.

Dazu bedienen sich die Wissenschaftler von Berkeley des größten und empfindlichsten Radioteleskops der Welt. Es befindet sich 16 Kilometer südlich von Arecibo (Puerto Rico) und hat eine schüsselartige Antenne mit einem Durchmesser von 305 Meter.

Von dort bekommt SETI Unmengen von Daten – die es alleine nicht auswerten könnte. Deshalb haben sich die Wissenschaftler etwas einfallen lassen, das ganz nebenbei die Vorstellung davon, wozu das Internet nütze sein könnte, entschieden mitgeprägt hat: Sie teilen die Riesenmengen des auszuwertenden Datenmaterials in unzählige kleine Stückchen und verteilen diese übers Internet an freiwillige Helfer – gemeinsam mit einem kleinen Programm, das diese Aufgabe auf dem Heimcomputer erledigt und das nebenbei als schön anzusehender Bildschirmschoner dient.

Bislang haben die Wissenschaftler von SETI noch kein Radiosignal entdekken können, das darauf schließen ließe, daß es da draußen intelligente Wesen gibt – doch wer weiß, vielleicht kommt es wie in dem Film Contact (1997) mit Jodie Foster, der SETI zum Vorbild hat und der davon handelt, wie die Menschheit über außerirdische Radiosignale die Bauanleitung für ein Raumschiff bekommt, in das sich Foster zu guter Letzt auch hineinsetzt.

Bis heute (September 2007) hat SETI über 5,4 Millionen Mitglieder, die 1,84 Milliarden Datenpäckchen ausgewertet haben – was der gigantischen Rechenzeit von knapp 2,3 Millionen Jahren entspricht (das heißt: 1 Computer müßte so lange rechnen, damit er auf das Ergebnis käme, das bislang vorliegt).

Das aktuelle Mitgliederranking sieht so aus:

1	USA	8.073.898.174*
2	Deutschland	1.569.457.484
3	Großbritannien	1.129.034.712
	…	
16	Österreich	190.322.151
	…	
18	Schweiz	163.111.758

WER MITMACHEN WILL, KANN DAS GANZ EINFACH TUN:
HTTP://SETIATHOME.BERKELEY.EDU/

* Gesamtcredits

Einige wahre Metropolen

Bonn, D › Deutsche Telekom – *Cupertino, USA* › Apple – *Dearborn, USA* › Ford Motor Co. – *Essen, D* › RWE › WAZ Medienkonzern – *Hofheim-Wallau, D* › IKEA Deutschland – *Incheon, Südkorea* › Daewoo Motor Co. Ltd. – *Jongro-ku, Südkorea* › Hyundai Precision & Ind. Co., Ltd. – *Kloten, Schweiz* › Europcar – *Leverkusen, D* › Bayer – *Ludwigshafen, D* › BASF – *Maranello, Italien* › Ferrari S.p.A. – *McLean, USA* › Mars, Inc. – *Mühlheim/Main, D* › Aldi Süd – *Mülheim/Ruhr, D* › Mannesmann – *Neckarsulm, D* › Audi – *Neuilly-Sur-Seine, F* › Citroën Automobiles – *New Brunswick, USA* › Johnson & Johnson – *Northfield, USA* › Kraft Foods Inc. – *Palo Alto, USA* › SAP Portals – *Purchase, USA* › PepsiCo. Inc. – *Redmond, USA* › Microsoft – *Schwalbach am Taunus, D* › Procter & Gamble – *Walldorf, D* › SAP Deutschland – *Warren, USA* › General Motors – *White Plains, USA* › IBM – *Wolfsburg, D* › Volkswagen

Das Gewicht verschiedener Papiersorten

Papiersorte	g/m²	Papiersorte	g/m²
Luftpostpapier	18-25	Umschlagpapier	80-90
Dünndruckpapier	39	Kunstdruckpapier	90-120
Zeitungspapier	50	Postkartenkarton	140-170
Schreibpapier	70-80	Karteikarton	190-250
Illustrationspapier	60-80	Umschlagkarton	200-300

Missing links

Darunter versteht man ein – von der Forschung oft lange gesuchtes – »fehlendes Glied« einer Beweiskette, das eine Theorie zur wissenschaftlichen Tatsache macht. Missing links sind meist Tiere oder Pflanzen, die Merkmale zweier verschiedener Organismengruppen aufweisen, sie also entwicklungsgeschichtlich miteinander verbinden.

EINZELLER – MEHRZELLER: **Volvox**
Bilden zwar eine Kolonie von einzelligen Grünalgen, zeigen aber schon eine Spezialisierung der einzelnen Zellen (wie bei echten Mehrzellern).

PILZE – PFLANZEN: **Oomyceten**
Haben Merkmale von Pilzen (die neben den Pflanzen ein eigenes Reich bilden) und Pflanzen (Zellwände aus Zellulose).

NADELBÄUME – LAUBBÄUME: **Ginkgobaum**
Wird wegen spezifischer Befruchtungsverhältnisse (bewegliche männliche Keimzellen = Spermatozoiden; Nadelbaum) und anatomischer Besonderheiten (flächenhafte Blätter ohne Mittelrippe mit gabeligen Blattnerven, Holzstruktur, Wuchsform; Laubbaum) zwischen Palmfarnen (Cycadeen) und Nadelbäumen (Coniferen) eingeordnet.

RINGELWÜRMER – WEICHTIERE: **Neopilina galatheae**
Ringelwürmer haben einen segmentierten Körperbau (Regenwurm), Weichtiere nicht (Schnecken, Muscheln, Kopffüßer). Bei Neopilina, die zu den Schnecken zählt, sind noch fünf hintereinanderliegende Kiemen- und Nierenpaare vorhanden.

FISCHE (WASSERTIER) – AMPHIBIEN (LANDTIER): fossile und lebende **Quastenflosser**
Panderichthys (fossil) besaß als Fisch schon gliedmaßenähnliche Flossen. Acanthostega (fossil) atmete zwar noch mit Kiemen, seine Flossen glichen aber schon fast denen der landlebenden Amphibien (Ellbogen- und Kniegelenke). Als lebendes Fossil gilt ein erstmals 1938 vor Ostafrika tot gefangener Quastenflosser, der inzwischen auch vor den Komoren lebend gefunden und erforscht wird.

REPTILIEN / SAURIER – VÖGEL: **Archaeopteryx**
Besaß noch Finger mit Krallen, einen langen knöchernen Schwanz und Kiefer mit Zähnen, aber auch schon Federn.

REPTILIEN – SÄUGETIERE: **Schnabeltier**
Besitzt sowohl reptiltypische (Bau des Schultergürtels, variable Körpertemperatur, »eier«legend – keine Gebärmutter, Kloake) als auch säugetiertypische (Fell, Milchdrüsen – säugend) Merkmale.

TIER – MENSCH: **Australopithecus anamensis**
4,2 bis 3,8 Millionen Jahre alt sind die Knochen, die in Kanapoi am Turkanasee im Norden Kenias gefunden wurden, und sie deuten auf ein Wesen, das den Übergang vom Tier zum Menschen darstellt. Schädel, Zähne und Kiefer waren menschenaffenähnlich; die Art ging aber schon aufrecht, die Armknochen lassen eindeutig auf einen Zweibeiner schließen.

SCHNEE – HAGEL: **Graupel**
Übergangsform von der einen Niederschlagsform zur anderen.

Nobelpreisträgerinnen

1903 – Marie Curie *(Physik)* 🕊 1905 – Bertha von Suttner *(Frieden)* 🕊 1909 – Selma Lagerlöf *(Literatur)* 🕊 1911 – Marie Curie *(Chemie)* 🕊 1926 – Grazia Deledda *(Literatur)* 🕊 1928 – Sigrid Undset *(Literatur)* 🕊 1931 – Jane Addams *(Frieden)* 🕊 1935 – Iréne Joliot-Curie *(Chemie)* 🕊 1938 – Pearl S. Buck *(Literatur)* 🕊 1945 – Gabriela Mistral *(Literatur)* 🕊 1946 – Emily Greene Balch *(Frieden)* 🕊 1947 – Gerty Therese Cori *(Medizin)* 🕊 1963 – Maria Goeppert-Mayer *(Physik)* 🕊 1964 – Dorothy Crowfoot Hodgkin *(Chemie)* 🕊 1966 – Nelly Sachs *(Literatur)* 🕊 1976 – Betty Williams *(Frieden)* & Mairead Corrigan *(Frieden)* 🕊 1977 – Rosalyn Sussman Yalow *(Medizin)* 🕊 1979 – Mutter Teresa *(Frieden)* 🕊 1982 – Alva Myrdal *(Frieden)* 🕊 1983 – Barbara McClintock *(Medizin)* 🕊 1986 – Rita Levi-Montalcini *(Medizin)* 🕊 1988 – Gertrude Elion *(Medizin)* 🕊 1991 – Aung San Suu Kyi *(Frieden)* & Nadine Gordimer *(Literatur)* 🕊 1992 – Rigoberta Menchu Tum *(Frieden)* 🕊 1993 – Toni Morrison *(Literatur)* 🕊 1995 – Christiane Nüsslein-Volhard *(Medizin)* 🕊 1996 – Wislawa Szymborska *(Literatur)* 🕊 1997 – Jody Williams *(Frieden)* 🕊 2003 – Shirin Ebadi *(Frieden)* 🕊 2004 – Wangari Maathai *(Frieden)* & Elfriede Jelinek *(Literatur)* & Linda B. Buck *(Medizin)*

Sachgeschichten aus der »Sendung mit der Maus«

In den berühmten Sachgeschichten erklären Armin Maiwald und Kollegen seit 1971 allsonntäglich (ARD, 11:30 Uhr) Kindern und Erwachsenen ein Stück Welt und beantworten damit viele Fragen, die meist mit »Wie macht man eigentlich …« beginnen. Eine Auswahl seiner Themen:

1 Cent · Ahornsirup · Altglascontainer · Astronautenklo · Badewanne · Baukran · Baumhöhe messen · Bleistiftminen · Ein Schoko-Minz-Bonbon · Brennessel · Das Brötchen · Cornflakes · CD-Herstellung · Eiscreme · Dauerwelle · Das Ei · Eisen · Eisengewinnung · Erdnussflips · Fahrradreifen · Feuerwerksrakete · Flußüberquerung · Food-Fotografie · Fußball · Geld · Gummihandschuh · Heftklemmer im Papier · Hochwasser · Internet · Jeanshose · Kaleidoskop · Kartoffelchips · Knoten · Kufenstuhl · Leergutautomat · Leuchtsterne · Leuchtturm Armgast · Linoleum · Löcher im Käse · Makkaroni · Mandarinen in der Dose · Maschendrahtzaun · Maul-Ringschlüssel · Die Milch · Salzstangen · Schultüte · Seifenblasen · Sicherheitsschloß · Solarofen · Spiegel · Suppe wie vor 1.000 Jahren · Tattoo · Vitamin C · Waschmaschine · Wie kommt der Sand an den Strand? · Wie wird bei der Bundestagswahl gewählt? · Wie wird ein Gesetz gemacht? · Zinnbarren · Zuckerwürfel

Göttinnen der klassischen Antike

Aphrodite / Venus: Liebe, Schönheit – Artemis / Diana: Jagd – Athene / Minerva: Krieg, Weisheit, Gerechtigkeit, Künste – Demeter / Ceres: Erde, Fruchtbarkeit – Hera / Juno: Ehe, Ehefrauen, Geburt – Hestia / Vesta: Häusliches Leben

(Angegeben sind sowohl der griechische als auch der römische Name der Göttinnen; das Personal selbst war identisch)

Welche Temperatur herrscht im Weltraum?

keine
bzw.
–270,43° Celsius

Laut Physik bezeichnet die Temperatur eines Körpers die Bewegungsenergie seiner Moleküle. Da der Weltraum aber ein Vakuum ist und dieses keine Moleküle enthält, verbietet es sich von selbst, Temperaturen messen zu wollen. Das Weltall hat also keine Temperatur.
Aber: Es existiert im Weltall die kosmische Hintergrundstrahlung, die der Strahlung eines Körpers mit einer Temperatur von 2,72 Kelvin entspricht. Das Weltall mißt also –270,43° Celsius. Die meisten Fachleute interpretieren die Hintergrundstrahlung des Weltalls als die Reststrahlung des Urknalls, die ursprünglich wesentlich intensiver war und die mit der permanenten Verdünnung des Kosmos immer schwächer wird.

Zwei hohle Tiere der Antike

Der Minotaurus: Minos, der König von Kreta und Sohn des Zeus, lag im Streit mit dem Meeresgott Poseidon. Also schickte Poseidon einen Stier an Land. Pasiphaë, die Frau des Königs Minos, verliebte sich in den Stier und bat Daidalos, ihr eine Verkleidung in Form einer hölzernen Kuh zu bauen. Der Stier bestieg die Kuh, und aus dieser Vereinigung ging Minotaurus hervor, ein Mischwesen mit Stierkopf und menschlichem Körper.

Das trojanische Pferd: Im 10. Jahr der Belagerung Trojas versetzte Odysseus dem Krieg die entscheidende Wendung. Die Griechen zogen sich scheinbar zurück, hinterließen aber ein riesiges Holzpferd, in dessen Bauch sich Odysseus mit einigen Kriegern versteckt hielt.
Nachdem die Trojaner das Pferd in die befestigte Stadt gebracht und gefeiert hatten, entschlüpften die Krieger ihm, öffneten die Stadttore für die anderen Kämpfer, und die giechischen Armeen vernichteten Troja.

Eine kurze Erklärung, viele Dankadressen, 1 Beschwerde, einige abschließende Bemerkungen sowie ein PS

Wer weiß, was er wissen will, hat es gut. Er zieht ein Fachlexikon oder eine Enzyklopädie zu Rate – ob sie nun im Bücherregal steht oder im Internet. Er schlägt nach, unter »C« wie »Coriolis-Beschleunigung« beispielsweise, und schon ist er ein wenig klüger.

Doch was ist mit all jenen, die nicht wissen, was genau sie wissen wollen? Was sollen sie zur Hand nehmen? Dieses kleine Konversations-Lexikon beispielsweise. Es bietet ihnen – abseits alphabetischer oder thematischer Ordnung – einen Platz, den sein Autor am liebsten mit einem alten, eigenartigen Palmenhaus verglichen sehen würde. Dicht drängen sich in ihm ganz unterschiedliche Gewächse: strenge Kakteen, vertraute Kastanien, exotische Schlingpflanzen, feingliedrige Orchideen, wuchernde Moose. An manchen Stellen ist es tropisch heiß, an anderen nordisch kühl, an manchen herrscht der Atem der Savanne. Und ohne daß man ahnen könnte, was hinter der nächsten Biegung des wohlbefestigten Weges wartet, folgt das eine auf das andere, das Wichtige auf das Beiläufige, das Triviale auf das kulturell Bedeutsame, das Strenge auf das Kindliche.

Es gibt keinen Weg durch dieses Lexikon, vielmehr jede Menge Pfade, Abkürzungen und Umwege. Egal, welchen von ihnen der Spaziergänger einschlagen mag – er wird nie an ein Ziel kommen. Denn das gibt es nicht. Es ist vielmehr das absichtslose Herumstreifen, das Lesen hier, das Überblättern da und das Nachprüfen dort, worin dieses Konversations-Lexikon seinen Zweck sieht. Und wenn sich dabei der eine oder andere Anlaß für eine freundschaftliche Konversation ergäbe, dann wäre schon viel erreicht.

Die Arbeit an den Einträgen des kleinen Konversations-Lexikons hat vor vielen Jahren begonnen, ohne daß dem Autor dabei schon bewußt gewesen wäre, daß er bei seinen beiläufigen Exzerpten, dem Sammeln von Zeitungsausschnitten und dem Zusammentragen von Nachschlagewerken an diesem Büchlein arbeitete. Viele Menschen haben ihm dabei geholfen, vor allem in der Phase, als es galt, aus manchen Ideen einen Lexikoneintrag zu machen; ihnen sei von Herzen gedankt. Allen voran Elisabeth Gronau, Ulrike Fiebrandt, Bettina Schneuer, Maria Ankowitsch, Oliver Domzalski, Cosima Schneider, Renate Vasold und Andreas Karner. Des weiteren gebührt mein Dank für Anregungen, Zwischenrufe und atemlose Beratungen Anton Ankowitsch, Detlef Borchers, Bettina Nowak, Burghard Brinksmeier, Christian

Seiler, Franz Schuh, Heinrich Ankowitsch, Jörg Metes, Katja Kollmann, Oliver Elser, Stephan Reichenberger und Sven Hartberger.

Vieles, viel zu vieles mußte unberücksichtigt bleiben. Die Zeit! Der Platz! Der Umfang! So blieb beispielsweise der Eintrag B 145 aus Georg Christoph Lichtenbergs »Sudelbüchern« unerwähnt, in dem er schreibt:

»›› So viel ich hören und schließen konnte, so war seine (Kunkels, Anm.) Tafel der menschlichen Erkenntnis so geteilt

Wissenschaften bringen

Brod und Ehre	kein Brod und keine Ehre	Ehre und kein Brod	Brod und keine Ehre
Jurisprudentia	Metaphysica	Poesia	Advocatia
Medicina	Logica	belles lettres	Oeconomia
Theologia	Critica	Philosophia	Anatomia
Analysis infinitorum		Mathesis	Rechnen und Schreiben ‹‹«

Der Autor hat sich bemüht, jedes einzelne in diesem Konversations-Lexikon angeführte Faktum gewissenhaft zu prüfen. Allein, er fürchtet, daß sich doch die eine oder andere Unkorrektheit eingeschlichen haben könnte – sei es aus eigener Verfehlung oder deshalb, weil die Welt in ihren Aktualitäten auch vor diesem Büchlein nicht Halt macht. All dies bittet der Autor die geschätzte Leserin, den geschätzten Leser zu entschuldigen – und ihm mittels E-Mail Nachricht davon zu geben, auf daß der Fehler behoben, die Aktualität wiederhergestellt werden könne.

Sollten Sie Anregungen haben, etwas vermissen oder mit dem Autor in eine Debatte über das eine oder andere Detail eintreten wollen – auch dazu können Sie sich an die unten angegebene E-Mail-Adresse wenden. Er freut sich sehr darüber und dankt schon heute herzlich!

Dr. Christian Ankowitsch drankowitsch@konversationslexikon.net
Berlin, im Januar 2008 www.konversationslexikon.net

PS: Das Buch folgt der alten Rechtschreibung; dies als Kritik an der neuen zu interpretieren, wäre durchaus im Sinne des Verfassers und seines Lektors.

Index